初阶
Initial Stage
2

符合《国际中文教育中文水平等级标准》
Complies with **Chinese Proficiency Grading Standards for International Chinese Language Education**

K12
标准中文
K12 Standard Chinese

《K12标准中文》编写组 编著

北京语言大学出版社
BEIJING LANGUAGE AND CULTURE
UNIVERSITY PRESS

© 2024 北京语言大学出版社，社图号 24144

图书在版编目（CIP）数据

K12 标准中文 . 2 /《K12 标准中文》编写组编著 . --
北京 : 北京语言大学出版社 , 2024.10. -- ISBN 978-7-
5619-6627-3

Ⅰ . H195.4

中国国家版本馆 CIP 数据核字第 2024JQ2905 号

K12 标准中文2
K12 BIAOZHUN ZHONGWEN 2

责任编辑：	刘奕君	英文编辑：	侯晓娟
责任印制：	周 燚	装帧设计：	张晶晶
排版制作：	薛 成		

出版发行：**北京语言大学出版社**

社　　址：北京市海淀区学院路 15 号，100083

网　　址：www.blcup.com

电子信箱：service@blcup.com

电　　话：编辑部　　8610-82303647/3592/3395
　　　　　　国内发行　8610-82303650/3591/3648
　　　　　　海外发行　8610-82303365/3080/3668
　　　　　　北语书店　8610-82303653
　　　　　　网购咨询　8610-82303908

印　　刷：北京联兴盛业印刷股份有限公司

版　　次：2024 年 10 月第 1 版　　印　　次：2024 年 10 月第 1 次印刷
开　　本：889 毫米 × 1194 毫米　1/16　印　　张：14
字　　数：171 千字
　　　　　10800

PRINTED IN CHINA

凡有印装质量问题，本社负责调换。售后 QQ 号 1367565611，电话 010-82303590

总　策　划：任书良

策　　　划：梁晓晶　唐时雨

编　　　者：顾建忠　唐时雨　房嘉慧

　　　　　　王叶子　李　君　张晓飞

插画绘制：杨人洁

编写说明

《K12标准中文》系列教材是为K-12年级非母语学习者编写的国际中文分级教材，旨在让学习者在喜闻乐见的中国现代生活和传统文化故事中实现语言水平的逐级提升。教材从语言与文化两个维度，严格对标中国教育部中外语言交流合作中心发布的《国际中文教育中文水平等级标准》（GF 0025—2021）（以下简称《等级标准》）及《国际中文教育用中国文化和国情教学参考框架》（以下简称《参考框架》）。本套教材遵循"结构—功能—文化"相结合的原则，以学生为中心，以语言运用为导向，结合美国《21世纪外语学习标准》中提出的"5C"目标（Communication沟通、Cultures文化、Connections贯连、Comparisons比较、Communities社区），秉持"汉字为基，文化为体，兴趣为本，分级为纲"的理念设计编写。教材尊重二语习得规律，内容设置循序渐进，形成了语言教学和文化教学的闭环交融结构。

《K12标准中文》系列教材依据《等级标准》中提出的"三等九级"新范式进行编写，结合K-12学段学习者实际需求，进一步将分级标准细化为"五阶九级"，形成从基础阶、初阶，到中阶、进阶，再到高阶的螺旋式上升结构，九个级别与《等级标准》一一对应。在参考语法和词汇等级教学大纲的基础上，依据《参考框架》，从文化知识、文化理解、跨文化意识、文化态度四个维度精心设计教学内容。文化教学遵循具体到抽象的原则，从浅层文化逐步过渡到深层文化，将文化分级融入教材之中，力求全面、系统、客观地向世界介绍中国文化和当代国情，为促进文明交流互鉴和构建人类命运共同体做出积极贡献。

《K12标准中文》系列教材入选两项科研基金项目：教育部中外语言交流合作中心(CLEC)科研基金项目"《国际中文教育中文水平等级标准》教学资源建设"（项目编号YHJC21ZD-059）和汉考国际(CTI)科研基金项目"新时代背景下基于《国际中文教育中文水平等级标准》的K-12中小学中文教材开发"（项目编号CT12021B06）。全套教材已于2024年通过汉考国际HSK/YCT考试适用性认证，适用于HSK和YCT考试，推荐各国中小学中文学习者使用。

《K12标准中文》设五个阶段，共九个级别：

基础阶（《K12标准中文》1级）：对标《等级标准》1级、HSK1级、YCT1级，侧重于5C中的Communication（沟通）。在基础阶段，学习者能就日常起居、个人信息等基本社会话题进行简单交际，了解基本文化常识及日常社交礼仪与行为规范。

初阶（《K12标准中文》2级）：对标《等级标准》2级、HSK2级、YCT2~3级，侧重于5C中的Communication（沟通）。学习者能就家庭情况、居住环境、购物等话题进行简短交流并完成相关交际任务，能够掌握中国节庆文化相关习俗，并能关联本国文化相关因素。

中阶（《K12标准中文》3~4级）：对标《等级标准》3~4级、HSK3~4级、YCT4级，侧重于5C中的Communication（沟通）、Communities（社区）和Cultures（文化）。学习者能就校园生活、旅游出行等话题进行完整、连贯的交流并完成就医、邀请等交际任务，能够掌握名胜古迹、饮食文化、传统艺术等文化内容，并能进行文化对比。

进阶（《K12标准中文》5~6级）：对标《等级标准》5~6级、HSK5~6级，侧重于5C中的Cultures（文化）和Comparisons（比较）。学习者能就人际交往、社会现象等话题进行丰富、流畅、得体的社会交际并完成相关交际任务（如发表见解、谈论历史文化等），能够掌握中国寓言故事、当代文学艺术、对外交往等多样性文化内容，理解社会现象背后的文化内涵并适当发表见解。

高阶（《K12标准中文》7~9级）：对标《等级标准》7~9级、HSK7~9级，侧重于5C中的Cultures（文化）、Comparisons（比较）和Connections（贯连）。学习者能就各类高层次或专业话题进行较为规范、流利、得体的社会交际，能够理解中国社会生活和当代国情的特点及其文化内涵，具备分析与评价中国文化的动态发展与影响因素的能力。

《K12标准中文》编写组

2024年7月12日

Introduction

The *K12 Standard Chinese* series of teaching materials is an international Chinese graded textbooks designed for non-native language learners in K-12 grades, aiming to enable students to achieve a gradual improvement in language proficiency through enjoyable stories on modern Chinese life and traditional culture. Based on language and culture, the textbook is compiled in strict accordance with the *Chinese Proficiency Grading Standards for International Chinese Language Education* (GF0025-2021) (hereinafter referred to as the Grading Standards) and *The Framework of Reference for Chinese Culture and Society in International Chinese Language Education* (hereinafter referred to as the *Framework of Reference*) released by MOE Center for Language Education and Cooperation. This series of teaching materials follows the principle of combining structure, function and culture with students as the center and language use as the guide. It combines the "5C" goals (Communication, Cultures, Connections, Comparisons, and Communities) proposed by *Standards for Foreign Language Teaching in the 21st Century* in the US and upholds the writing ideas of "taking the Chinese characters as the basis, culture as the body, interest as the foundation and grading as the outline". It respects the law in second language acquisition, and designs the content step by step, thus forming a close-loop integration structure of language teaching and cultural teaching.

The *K12 Standard Chinese* series of textbooks is developed based on the new paradigm of "three bands and nine levels" proposed in the *Grading Standards*. Combined with K-12 learners' actual needs, the grading standards are further divided into "five stages and nine levels", thus forming a spiral upward structure ranging from the basic stage, initial stage, to the intermediate stage, pre-advanced stage, and then to the advanced stage. The nine levels have a one-to-one correspondence to the *Grading Standards*. Referring to the teaching syllabus for grammar and levels of vocabulary and based on *The Framework of Reference*, the teaching content is carefully designed from four aspects: knowledge of culture, understanding of culture, cross-cultural consciousness, and attitude towards culture. It teaches culture from the specific to the abstract, from the elementary to the profound, and strives to introduce Chinese culture and its contemporary national conditions to the world comprehensively, systematically and objectively, thus making positive contributions to promoting exchange and mutual learning among civilizations and building a community with a shared future for mankind.

The *K12 Standard Chinese* series of textbooks has been selected for two research fund projects: "Teaching Resources Construction for *Chinese Proficiency Grading Standards for International Chinese Language Education*" (project number YHJC21ZD-059), a scientific fund project sponsored by the MOE Center for Language Education and Cooperation (CLEC) and "Development of Chinese Textbooks for K-12 Primary and Secondary Schools Based on *Chinese Proficiency Grading Standards for International Chinese Language*

Education in the New Era" (project number CT12021B06), a scientific fund project sponsored by Chinese Testing International Co., Ltd. (CTI). The whole series of teaching materials has passed the applicability certification of HSK/YCT organized by CIT in 2024, and is suitable for these international tests for Chinese language. It is recommended to Chinese language learners in primary and secondary schools around the world.

The *K12 Standard Chinese* has five stages and totals 9 levels: the basic stage (Level 1 of *K12 Standard Chinese*) corresponds to Level 1 of *Grading Standards* or HSK1/YCT1, emphasizing on Communication in the "5C". In basic stage, students can have simple communication on daily life, personal information and other basic social topics, and understand basic cultural knowledge and daily social etiquette and behavior norms.

The initial stage (Level 2 of *K12 Standard Chinese*) corresponds to Level 2 of *Grading Standards* or HSK2/YCT2-3, emphasizing on Communication in the "5C". Students can communicate briefly on topics such as family background, living environment, shopping, etc. and complete relevant communication tasks. They can master the related customs on Chinese festivals, and can also relate to cultural factors in their own country.

The intermediate stage (Levels 3-4 of *K12 Standard Chinese*) corresponds to Levels 3-4 of *Grading Standards* or HSK3-4/YCT4, emphasizing on Communication, Communities, and Cultures in the "5C". Students can communicate completely and coherently on campus life, travel and other topics, and complete communication tasks such as seeking medical treatment and making invitations. They can learn places of interest, food culture, traditional art and other culture, and make cultural comparisons.

The pre-advanced stage (Levels 5-6 of *K12 Standard Chinese*) corresponds to Levels 5-6 of *Grading Standards* or HSK5-6, emphasizing on Cultures and Comparisons in the "5C". Students can carry out abundant, fluent and appropriate social communication on interpersonal communication, social phenomena, and other topics, and complete relevant communication tasks (such as expressing opinions and talking about history and culture). They can master China's fables, contemporary literature and art, foreign communication and other diverse cultural contents, understand the cultural connotations behind social phenomena and express their opinions appropriately.

The advanced stage (Levels 7-9 of *K12 Standard Chinese*) corresponds to Levels 7-9 of *Grading Standards* or HSK7-9, emphasizing on Cultures, Comparisons and Connections in the "5C". Students can conduct standardized, fluent and appropriate social communication on various advanced or professional topics, understand the characteristics and cultural connotations of China's social life and contemporary national conditions, and have the ability to analyze and evaluate the dynamic development and influencing factors of Chinese culture.

Writing Group of *K12 Standard Chinese*
July 12, 2024

目录

Unit 1
交通、购物
Transportation & Shopping

第一课　超市在哪儿？………………………………………… 2
Lesson 1　Where Is the Supermarket?

第二课　这件怎么样？………………………………………… 16
Lesson 2　How about This One?

第三课　你怎么去学校？……………………………………… 31
Lesson 3　How Do You Go to School?

Unit 2
天气气候
Weather and Climate

第四课　明天天气怎么样？…………………………………… 46
Lesson 4　What Will the Weather Be Like Tomorrow?

第五课　北京的秋天很舒服…………………………………… 59
Lesson 5　Autumn in Beijing Is Very Pleasant

第六课　最近气温变化大……………………………………… 68
Lesson 6　There Has Been a Significant Change in Temperature Recently

Unit 3
休闲娱乐
Leisure and Entertainment

第七课　你的爱好是什么？…………………………………… 80
Lesson 7　What's Your Hobby?

第八课　我们全家都喜欢运动………………………………… 88
Lesson 8　Our Whole Family Enjoys Sports

第九课　音乐让我快乐！……………………………………… 100
Lesson 9　Music Makes Me Happy!

Unit 4

交际礼仪
Social Etiquette

第十课　你周末有空儿吗？ ········· 112
Lesson 10　Are You Free This Weekend?

第十一课　没想到能在这儿碰到你 ········· 127
Lesson 11　I Didn't Expect to Meet You Here

第十二课　岁岁平安 ········· 140
Lesson 12　Safe and Sound All Year Round

Unit 5

住房环境
Housing Environment

第十三课　欢迎来我家 ········· 156
Lesson 13　Welcome to My Home

第十四课　这是我的房间 ········· 166
Lesson 14　This Is My Room

第十五课　我住的地方很方便 ········· 177
Lesson 15　My Place of Residence Is Very Convenient

词汇表 ········· 192

第一单元
Unit 1

交通、购物
jiāo tōng gòu wù
Transportation & Shopping

第一课　超市在哪儿？
Lesson 1　Where Is the Supermarket?

爸爸：您好，手机地图显示超市就在这里，但是我没看到。请问超市在哪儿呢？

路人：就在那个路口的医院旁边。

爸爸：那应该是我看错了。那从这儿走过去，远吗？

路人：不远，离这儿很近，不到一公里，就几分钟的路。您看，那是医院。超市就在医院的右边，你往西北方向走过去，不一会儿就到了。

爸爸：谢谢您告诉我准确的方向，我以为是西南方向。

路人：不客气！您一定可以顺利找到。

词语学习　Word Learning

识写

1. 超市　chāoshì　supermarket
2. 但是　dànshì　but
3. 应该　yīnggāi　should
4. 过去　guòqu　go over
5. 离　lí　be away from
6. 近　jìn　near
7. 公里　gōnglǐ　kilometer
8. 分钟　fēnzhōng　minute
9. 往　wǎng　to
10. 西北　xīběi　northwest
11. 方向　fāngxiàng　direction
12. 不一会儿　bù yíhuìr　in a moment
13. 准确　zhǔnquè　accurate
14. 以为　yǐwéi　think

15. 西南 xīnán southwest
16. 一定 yídìng surely
17. 可以 kěyǐ can
18. 顺利 shùnlì smoothly, successfully

识读

显示 xiǎnshì show

本课语法 Grammar in This Lesson

离

- （超市）离这儿很近。
- 这儿离车站近吗？
- 我家离学校很远。
- 现在离开学还有一个星期。

就

- 超市就在医院的右边。
- 我就想要这件衣服。
- 家里就只有我一个人。
- 那就是爸爸的车。

活动与练习 Activities and Exercises

一、选词填空 Choose the words and fill in the blanks

离 lí　就 jiù

1. 我家（　）学校不远。
   wǒ jiā　　xué xiào bù yuǎn

2. 这（　）是我在中国的好朋友小丽。
   zhè　　shì wǒ zài zhōng guó de hǎo péng you xiǎo lì

3. 我家（　）学校很远，我去学校路上要花很多时间。
   wǒ jiā　　xué xiào hěn yuǎn　wǒ qù xué xiào lù shang yào huā hěn duō shí jiān

4. 这是我的学校，旁边（　）是超市。
   zhè shì wǒ de xué xiào　páng biān　　shì chāo shì

二、完成对话 Complete the dialogs

1. 老师：你家旁边是什么地方？

   大枫：_____。

2. 小叶：我家很近，就在学校旁边，你呢？

   小丽：_____。

3. 大枫：_____？

   小明：我来学校要半个小时。

4. 大枫：爸爸，你的车在哪儿？

   大枫爸爸：_____。

5. 小叶妈妈：_____？

   大枫爸爸：医院的旁边是超市。

三、写出下列汉字的笔顺 Write the stroke order of the following characters

离											
远											
近											
问											
边											

课文二　Text 2

爸爸：您好！刚才我给孩子报名，学校通知今天交学费，要求只能使用人民币。请问银行离这儿远吗？

老师：很近，学校里面就有中国银行，还有取款机。

爸爸：我要换人民币，不知道能不能办？

老师：可以。

爸爸：太好了，请问中国银行在哪儿呢？

老师：一进学校大门就能看到，就在超市旁边。

爸爸：谢谢您！我还想打

印一张图片，校园里有打印店吗?

老师：学校里没有，但学校对面路边就有一个，平时我们都去那儿。

词语学习　Word Learning

识写

1	刚才	gāngcái	just now
2	报名	bào//míng	register
3	通知	tōngzhī	notify
4	交	jiāo	pay
5	要求	yāoqiú	require
6	只能	zhǐ néng	have no choice but to
7	使用	shǐyòng	use
8	银行	yínháng	bank
9	换	huàn	change
10	办	bàn	do, attend to
11	大门	dàmén	gate
12	打印	dǎyìn	print
13	图片	túpiàn	picture
14	校园	xiàoyuán	campus
15	路边	lù biān	roadside
16	平时	píngshí	(on) normal days

识读

1	学费	xuéfèi	tuition fee
2	人民币	rénmínbì	RMB
3	取款机	qǔkuǎnjī	ATM

本课语法 Grammar in This Lesson

方位词

前边 / 前面	front	后边 / 后面	back
上边 / 上面	above	下边 / 下面	under
里边 / 里面	inside	外边 / 外面	outside
东边 / 东面	east	西边 / 西面	west
北边 / 北面	north	南边 / 南面	south
左边	left	右边	right
旁边	beside	中间	middle
对面	opposite		

一……就……

- （银行不远，）一进学校大门就能看到。
- 爸爸一下班就回家。
- 我一到学校就去教室。
- 我一回家就做作业。

活动与练习 Activities and Exercises

一、请把括号中的词语放在句中合适的位置 Please put the words in the brackets in the appropriate positions of the sentences

1. A 超市 在 B 医院 的 C。（西边）
2. 学校 A 在 银行 的 左边 B 还是 C？（右边）
3. 我要去 A 学校 B 的 教室 C 上课。（东面）
4. 书包 A 有一本 B 中文 C 书。（里面）
5. 请问 A 超市 B 是哪儿 C？（对面）

二、替换练习 Substitution drills

1
A：请问，<u>超市</u>在哪儿？
B：_____ 在那儿。

银行　　医院
地铁站

2
A：请问，医院在哪儿？
B：医院在<u>公园</u> <u>旁边</u>。

- 学校　东边
- 超市　南边
- 车站　北边
- 邮局　西边

第一单元 交通、购物

3
A：请问，附近有银行吗？
B：有。

- 学校前面 车站
- 学校里面 银行
- 你家附近 公园

4
A：附近有没有邮局？
B：_____有 / 没有_____。

- 前面 地铁站
- 超市里面 洗手间
- 你家旁边 医院

5
A：地铁站远吗？
B：不远，就在学校前面。

- 银行 学校里面
- 车站 邮局对面
- 学校 我家旁边

❻ wǒ de fáng jiān zài kè tīng de yòu bian
我的房间在客厅（的）右边。

- niú nǎi　bīng xiāng　lǐ miàn
  牛奶　冰箱　里面
- jī dàn　xī guā　zuǒ bian
  鸡蛋　西瓜　左边
- dàn gāo　zhuō zi　shàng miàn
  蛋糕　桌子　上面

❼ shū zhuō shàng miàn yǒu yì běn zì diǎn
书桌上面有一本字典。

- yǐ zi xià miàn　yí gè zú qiú
  椅子下面　一个足球
- tíng chē chǎng duì miàn
  停车场对面
- yí gè gōng gòng qì chē zhàn
  一个公共汽车站
- fáng zi páng biān　yí gè gōng yuán
  房子旁边　一个公园

三、看图说话 Talk about the picture

Example:　shāng diàn zài yín háng de duì miàn
　　　　　商店在银行的对面。

爸爸：<ruby>请<rt>qǐng</rt></ruby><ruby>问<rt>wèn</rt></ruby>，<ruby>去<rt>qù</rt></ruby><ruby>广<rt>guǎng</rt></ruby><ruby>场<rt>chǎng</rt></ruby><ruby>怎<rt>zěn</rt></ruby><ruby>么<rt>me</rt></ruby><ruby>走<rt>zǒu</rt></ruby>？

路人：<ruby>你<rt>nǐ</rt></ruby><ruby>可<rt>kě</rt></ruby><ruby>以<rt>yǐ</rt></ruby><ruby>坐<rt>zuò</rt></ruby><ruby>公<rt>gōng</rt></ruby><ruby>共<rt>gòng</rt></ruby><ruby>汽<rt>qì</rt></ruby><ruby>车<rt>chē</rt></ruby><ruby>去<rt>qù</rt></ruby>。

爸爸：<ruby>要<rt>yào</rt></ruby><ruby>坐<rt>zuò</rt></ruby><ruby>几<rt>jǐ</rt></ruby><ruby>路<rt>lù</rt></ruby><ruby>公<rt>gōng</rt></ruby><ruby>共<rt>gòng</rt></ruby><ruby>汽<rt>qì</rt></ruby><ruby>车<rt>chē</rt></ruby>？

路人：<ruby>坐<rt>zuò</rt></ruby>27<ruby>路<rt>lù</rt></ruby><ruby>或<rt>huò</rt></ruby><ruby>者<rt>zhě</rt></ruby>88<ruby>路<rt>lù</rt></ruby><ruby>都<rt>dōu</rt></ruby><ruby>可<rt>kě</rt></ruby><ruby>以<rt>yǐ</rt></ruby>。

爸爸：<ruby>车<rt>chē</rt></ruby><ruby>站<rt>zhàn</rt></ruby><ruby>在<rt>zài</rt></ruby><ruby>哪<rt>nǎ</rt></ruby><ruby>里<rt>lǐ</rt></ruby>？

路人：<ruby>就<rt>jiù</rt></ruby><ruby>在<rt>zài</rt></ruby><ruby>路<rt>lù</rt></ruby><ruby>边<rt>biān</rt></ruby>，<ruby>中<rt>zhōng</rt></ruby><ruby>国<rt>guó</rt></ruby><ruby>银<rt>yín</rt></ruby><ruby>行<rt>háng</rt></ruby><ruby>的<rt>de</rt></ruby><ruby>旁<rt>páng</rt></ruby><ruby>边<rt>biān</rt></ruby>。

爸爸：我要坐几站？要换车吗？

路人：不用换车，坐两站就到，碰到红灯也不会超过10分钟。一过桥就下车，你就可以找到了。

爸爸：谢谢！

词语学习　Word Learning

识写

1. 广场　guǎngchǎng　square
2. 公共汽车　gōnggòng qìchē　bus
3. 要　yào　need
4. 或者　huòzhě　or
5. 两　liǎng　two
6. 碰到　pèngdào　meet
7. 超过　chāoguò　over

识读

1. 红灯　hóngdēng　red signal/traffic light
2. 桥　qiáo　bridge

第一单元 交通、购物

本课语法　Grammar in This Lesson

序数

- 坐 27 路或者 88 路都可以。
- 1 楼；201 房间；26 路公共汽车；三年级
- 我家住在 15 楼。
- 8 路公共汽车经过公园。

活动与练习　Activities and Exercises

一、用括号内的词语完成对话
　　Complete the dialogs with the words or expressions in the brackets

1. A：qǐng wèn　请问，_____？（lí离）

   B：bù yuǎn　xué xiào lǐ miàn jiù yǒu yín háng
   　　不远，学校里面就有银行。

2. A：wǒ zhǎo bu dào chāo shì　nǐ kě yǐ bāng wǒ ma
   　　我找不到超市，你可以帮我吗？

   B：_____。（yī一……jiù就……）

3. A：zhè lǐ yǒu chāo shì ma
   　　这里有超市吗？

   B：yǒu有，_____。（jiù就）

4. A：qǐng wèn　lí xué xiào zuì jìn de yī yuàn zěn me zǒu
   　　请问，离学校最近的医院怎么走？

   B：_____。（huò zhě或者）

14

二、根据图片中的信息进行提问和回答
Ask and answer questions based on the information in the pictures

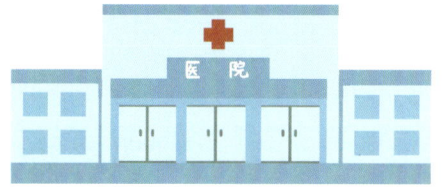

三、利用下面的词语，说一说你所住的社区的情况
Talk about the community you live in using the following words

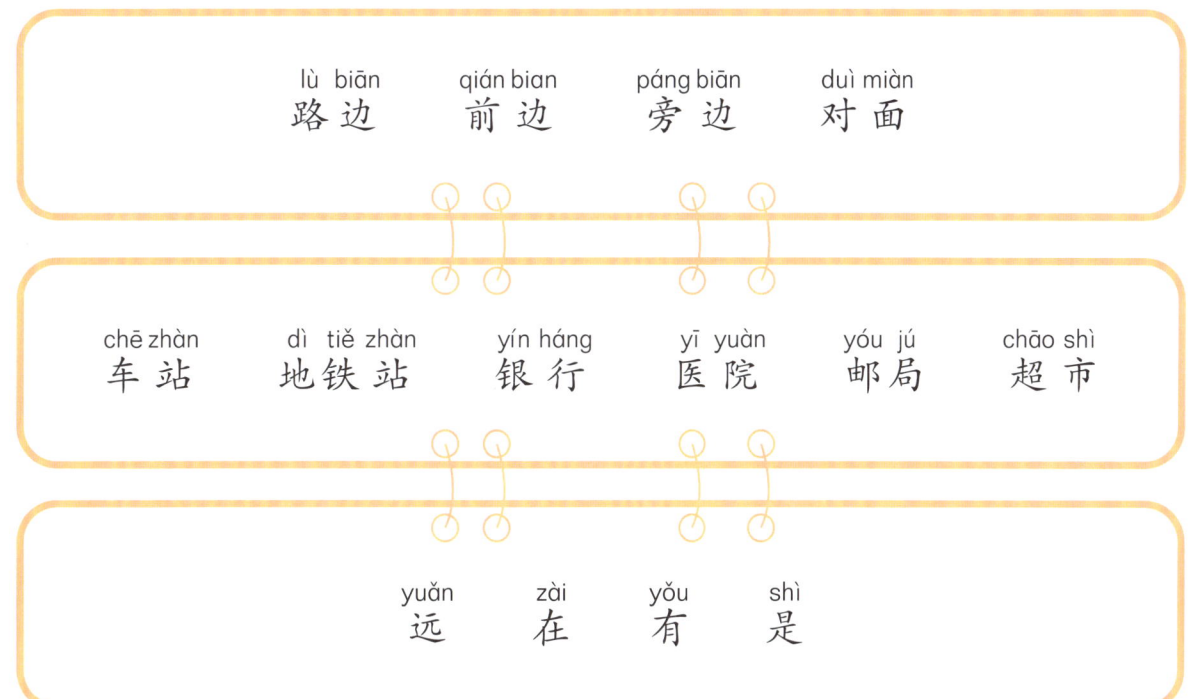

第二课　这件怎么样？
Lesson 2　How about This One?

课文一　Text 1

店　　员：欢迎光临！需要帮忙吗？

大枫爸爸：我想买一件衬衫。

店　　员：这件怎么样？

大枫爸爸：我不喜欢这个颜色，有蓝色或黄色的吗？

店　　员：有的，这件呢？

大枫爸爸：这件有点儿短，有长一点儿的吗？

店　　员：让我查一下，有的，给您！

大枫爸爸：这件不错，多少钱？

店　　员：四百元。

大枫爸爸：能试试吗？

店　　员：可以，试衣间在这边，入口在右边。

……

大枫爸爸：挺合适的。衬衫需要干洗吗？

店　　员：要干洗，不能用家里的洗衣机。

大枫爸爸：记住了，这件我要了。

店　　员：那我给您装好，请到那边付钱。

大枫爸爸：好的。

第一单元 交通、购物

词语学习　Word Learning

识写

1	欢迎	huānyíng	welcome
2	件	jiàn	a measure word
3	颜色	yánsè	color
4	蓝色	lánsè	blue
5	黄色	huángsè	yellow
6	短	duǎn	short
7	长	cháng	long

8	让	ràng	let
9	查	chá	check
10	不错	búcuò	pretty good
11	入口	rùkǒu	entrance
12	合适	héshì	suitable
13	洗衣机	xǐyījī	washing machine
14	装	zhuāng	pack

识读

| 1 | 光临 | guānglín | presence (of a guest, etc.) |
| 2 | 需要 | xūyào | need |

| 3 | 衬衫 | chènshān | shirt |
| 4 | 付 | fù | pay |

本课语法　Grammar in This Lesson

有（一）点儿

- 这件**有点儿**短，**有**长一点儿的吗？
- 今天**有（一）点儿**冷。
- 你穿得**有点儿**少，可能会感冒。
- 这个句子**有（一）点儿**难，我先想一想。

18

这件怎么样？ 2

……怎么样？／好吗？／可以吗？／行吗？

- 这件怎么样？
- 我们去公园玩儿，怎么样？
- 你明天七点就到学校，行吗？
- 我想买一个新书包，可以吗？

 活动与练习 Activities and Exercises

一、用"怎么样""好吗""可以吗"提问
　　Ask questions with "怎么样", "好吗", and "可以吗"

 Example:

wǒ men míng tiān zǎo shang yì qǐ qù gōng yuán wánr
我们明天早上一起去公园玩儿。→

wǒ men míng tiān zǎo shang yì qǐ qù gōng yuán wánr　hǎo ma
我们明天早上一起去公园玩儿，好吗？

wǒ xiǎng mǎi zhè jiàn lán sè de yī fu
1. 我想买这件蓝色的衣服。

_____

mā ma　míng tiān zǎo shang wǒ xiǎng hé dà fēng yì qǐ qù xué xiào
2. 妈妈，明天早上我想和大枫一起去学校。

_____

xiǎo yè　xīng qī liù wǒ men yì qǐ qù wánr ba
3. 小叶，星期六我们一起去玩儿吧。

_____

ràng wǒ kàn kan zhè jiàn huáng sè de chèn shān
4. 让我看看这件黄色的衬衫。

_____

wǒ xiǎng shì shi nà jiàn lán sè de chèn shān
5. 我想试试那件蓝色的衬衫。

_____

二、用括号内的词语完成对话
Complete the dialogs with the words in the brackets

huān yíng guāng lín qǐng wèn / xū yào
1. A：欢迎光临，请问 ____________？（需要）

wǒ xiǎng gěi wǒ de nǚ ér mǎi yí jiàn yī fu
B：我想给我的女儿买一件衣服。

zhè jiàn huáng sè de chèn shān zěn me yàng
2. A：这件黄色的衬衫怎么样？

yǒu diǎnr
B：____________。（有点儿）

zhè jiàn lán sè de / bú cuò
3. A：这件蓝色的 ____________。（不错）

dàn shì zhè jiàn tài duǎn le
B：但是这件太短了。

kě yǐ
4. A：____________？（可以）

yào
B：____________。（要）

zhè jiàn hóng sè de yī fu hǎo kàn ma
5. A：这件红色的衣服好看吗？

dāng rán
B：____________。（当然）

三、写出下列汉字的笔顺 Write the stroke order of the following characters

长												
短												
色												
让												
查												

课文二　Text 2

爸爸：您好，西瓜怎么卖？

店员：上午新到的，五块五一斤。

爸爸：有点儿贵，如果便宜一点儿就好了。

店员：那种便宜，才一块五一斤。

爸爸：甜吗？这两种有什么不同？

店员：大小不一样，这种是普通的，那种小一点儿，但都很甜！

爸爸：给我称半个大的吧。

店员：没问题。

爸爸：您好，鱼和鸡多少钱一斤？

店员：都十块一斤。

爸爸：羊肉呢？

第一单元 交通、购物

店员：一斤三十五元。
yì jīn sān shí wǔ yuán

爸爸：给我一公斤羊肉和两条鱼。
gěi wǒ yì gōng jīn yáng ròu hé liǎng tiáo yú

店员：好的，再来点儿别的吗？
hǎo de zài lái diǎnr bié de ma

爸爸：不要了，帮我装好吧！
bú yào le bāng wǒ zhuāng hǎo ba

店员：好的！
hǎo de

识写

1	卖 mài	sell
2	便宜 piányi	cheap
3	才 cái	just
4	斤 jīn	a unit of weight (=1/2 kilogram)
5	不同 bù tóng	different
6	普通 pǔtōng	ordinary
7	称 chēng	weigh
8	问题 wèntí	question
9	鱼 yú	fish
10	鸡 jī	chicken
11	公斤 gōngjīn	kilogram
12	条 tiáo	a measure word

识读

| 1 | 西瓜 xīguā | watermelon | 3 | 甜 tián | sweet |
| 2 | 种 zhǒng | kind, type | 4 | 羊肉 yángròu | mutton |

22

本课语法 Grammar in This Lesson

如果……，就……

- 如果便宜一点儿就好了。
- 如果明天天气好，我们就去海边。
- 如果你有时间，我们就去看爷爷奶奶。

双宾语句

- 给我一公斤羊肉和两条鱼。
- 爸爸给我一个生日礼物。
- 老师发给我们一本书。
- 我们交给老师昨天的作业。

活动与练习 Activities and Exercises

一、用括号内的词语完成句子
Complete the sentences with the words in the brackets

Example:
rú guǒ pián yi yì diǎnr jiù hǎo le   pián yi
如果便宜一点儿就好了。（便宜）

1. 如果 rú guǒ _____ 就 jiù _____ 。（长 cháng）
2. 如果 rú guǒ _____ 就 jiù _____ 。（贵 guì）

Example:
mā ma yào mǎi liǎng zhī jī   jī
妈妈要买两只鸡。（鸡）

1. _____ 要 yào _____ 。（斤 jīn）
2. _____ 不要 bú yào _____ 。（西瓜 xī guā）
3. _____ ，要不要？yào bu yào（给 gěi）

二、看图说话 Talk about the pictures

Example:

wǒ qù shāng diàn mǎi xī guā
我 去 商 店 买 西 瓜。

1

135元

2

4元　　5元

3

三、角色扮演 Role-play

请同学们自己制作生词卡片（卡片上需包含物品和价格），老师扮演店员，同学们扮演顾客：
Each student makes his/her own vocabulary card (on which the items and prices are included). The teacher plays the shop assistant and the students play customers.

① 每位顾客需要买两种不一样的东西；
　 Each customer needs to buy two different items;

② 每位顾客轮流说一说自己要买什么，总共需要多少钱。
　 Each customer takes turns saying what they want to buy and how much money needed in total.

课文三 Text 3

店员：<ruby>两位<rt>liǎng wèi</rt></ruby> <ruby>想买<rt>xiǎng mǎi</rt></ruby> <ruby>什么<rt>shén me</rt></ruby>？

妈妈：<ruby>我想买一条运动裤<rt>wǒ xiǎng mǎi yì tiáo yùn dòng kù</rt></ruby>，<ruby>我女儿要买一条裙子<rt>wǒ nǚ ér yào mǎi yì tiáo qún zi</rt></ruby>。

店员：<ruby>这条黄色的裤子怎么样<rt>zhè tiáo huáng sè de kù zi zěn me yàng</rt></ruby>？

妈妈：<ruby>还不错<rt>hái bú cuò</rt></ruby>，<ruby>可是我一直想要一条蓝色的<rt>kě shì wǒ yì zhí xiǎng yào yì tiáo lán sè de</rt></ruby>，<ruby>有蓝色的吗<rt>yǒu lán sè de ma</rt></ruby>？

店员：<ruby>有<rt>yǒu</rt></ruby>，<ruby>这个样子的<rt>zhè ge yàng zi de</rt></ruby>，<ruby>您试试<rt>nín shì shi</rt></ruby>！

（<ruby>妈妈试了运动裤<rt>mā ma shì le yùn dòng kù</rt></ruby>，<ruby>很喜欢<rt>hěn xǐ huan</rt></ruby>。）

第一单元 交通、购物

小叶：妈妈！我觉得这条裙子挺好看的。

妈妈：你穿上让我看看。

（小叶高高兴兴地试穿裙子。）

妈妈：嗯！真不错，你穿这条裙子很好看！裤子和裙子一共多少钱？

店员：裤子三百五十块，裙子一百五，正好五百。

妈妈：好，我们全要了，可以用信用卡吗？

店员：没问题！再送给您一张停车券，您出停车场时拿出这张券就可以走了。

妈妈：这么好，谢谢！

词语学习　Word Learning

识写

1	运动 yùndòng sport		5	一共 yígòng in total
2	一直 yìzhí always		6	正好 zhènghǎo exactly
3	样子 yàngzi appearance		7	全 quán both, all
4	挺 tǐng quite		8	信用卡 xìnyòngkǎ credit card

| 9 | 停车 | tíng//chē | park a car | 11 | 拿出 | náchū | take out |
| 10 | 停车场 | tíngchēchǎng | parking lot | 12 | 这么 | zhème | so |

| 1 | 裤子 | kùzi | trousers, pants | 3 | 券 | quàn | coupon, voucher |
| 2 | 裙子 | qúnzi | skirt | | | | |

本课语法　Grammar in This Lesson

量词

Measure words	Usage	Examples
本	a measure word for book-like things	一本书 一本词典
辆	a measure word for vehicles	一辆汽车
只	a measure word for animals	一只狗
门	a measure word for courses	两门课
个	a measure word for people and things in general	三个人
位	a measure word used in deferential reference to people	四位客人
张	a measure word for sheet-like things	两张桌子
双	a measure word for pairs of certain things	一双鞋
对	a measure word for pairs of certain things	一对耳环
副	a measure word for pairs of certain things (accessories)	一副手套
件	a measure word for clothing in general	一件衬衫
条	a measure word for long, curved items	一条长裤

第一单元 交通、购物

形容词重叠 AABB

- 小叶<u>高高兴兴</u>地试穿裙子。
- <u>干干净净</u> / <u>高高兴兴</u> / <u>漂漂亮亮</u>
- 妈妈把家里打扫得<u>干干净净</u>的。
- 大家<u>高高兴兴</u>地吃饭。
- 新年第一天,大家都穿得<u>漂漂亮亮</u>的。

活动与练习 Activities and Exercises

一、量词填空 Fill in the blanks with measure words

liǎng　　　　　shū
两（　　）书　　　　

wǔ　　　　　zhǐ
五（　　）纸

sān　　　　chèn shān
三（　　）衬 衫　　

yī　　　　xié
一（　　）鞋

liù　　　　qún zi
六（　　）裙 子　　

qī　　　　zhuō zi
七（　　）桌 子

yī　　　　lǎo rén
一（　　）老 人　　

yī　　　　xiǎo gǒu
一（　　）小 狗

yī　　　　cháng kù
一（　　）长 裤　　

yī　　　　yǎn jìng
一（　　）眼 镜

二、排列句子 Rearrange the words/phrases to form sentences

Example:

jiào　míng zi　nǐ　shén me
叫　名 字　你　什 么 ？

nǐ　jiào shén me míng zi
你 叫 什 么 名 字？

　　　bié de　hái yǒu　yán sè　ma
1. 别的　还有　颜色　吗 ？

_____

2. 便宜　如果　就　一点儿　好了 。
   pián yi　rú guǒ　jiù　yì diǎnr　hǎo le

   _____

3. 我们　地　去　高高兴兴　学校 。
   wǒ men　de　qù　gāo gāo xìng xìng　xué xiào

   _____

4. 买　一双　我　想　鞋 。
   mǎi　yì shuāng　wǒ　xiǎng　xié

   _____

5. 爸爸　吃　喜欢　非常　西瓜 。
   bà ba　chī　xǐ huan　fēi cháng　xī guā

   _____

三、替换练习 Substitution drills

1
A：你想买什么？
　　nǐ xiǎng mǎi shén me
B：我想买两件衬衫。
　　wǒ xiǎng mǎi liǎng jiàn chèn shān

- 件　毛衣　　jiàn　máo yī
- 条　长裤　　tiáo　cháng kù
- 条　裙子　　tiáo　qún zi
- 双　鞋　　　shuāng　xié

2
A：你觉得这　双　鞋怎么样？
　　nǐ jué de zhè shuāng xié zěn me yàng
B：我觉得这　双　鞋很好看。
　　wǒ jué de zhè shuāng xié hěn hǎo kàn

- 部　电影　好看　　bù　diàn yǐng　hǎo kàn
- 件　衣服　便宜　　jiàn　yī fu　pián yi
- 条　裙子　贵　　　tiáo　qún zi　guì

3

A：你想做什么？
nǐ xiǎng zuò shén me

B：我想买一件衬衫或者一件大衣。
wǒ xiǎng mǎi yí jiàn chèn shān huò zhě yí jiàn dà yī

- 看 中国电影 美国电影
  kàn zhōng guó diàn yǐng měi guó diàn yǐng

- 吃 苹果 西瓜
  chī píng guǒ xī guā

- 穿 黄色的衬衫 黑色的衬衫
  chuān huáng sè de chèn shān hēi sè de chèn shān

- 吃 包子 饺子
  chī bāo zi jiǎo zi

第三课　你怎么去学校？
Lesson 3　How Do You Go to School?

大枫：刚刚送你上学的是你爸爸吗？

同学：不是，是住在我楼上的叔叔。

大枫：你爸爸呢？

同学：他是公司经理，特别忙，完全没时间接送我。楼上叔叔的孩子也读我们学校，他很热情，所以平时他送我们两个一起来学校。

大枫：你放学后怎么回家呢？

同学：放学和上学一样，搭顺风车，然后我们会一起写作业。

大枫：说到这里，你们今天的作业是不是要用汉语写作文？

同学：是的。上课时我们讨论了一下作文题，说了说自己的想法。放学以后我们要用字典查不会写的字，再组成句子。

词语学习　Word Learning

识写

1	刚刚	gānggāng	just now	9	作业	zuòyè	homework
2	公司	gōngsī	company	10	作文	zuòwén	composition
3	经理	jīnglǐ	manager	11	讨论	tǎolùn	discuss
4	特别	tèbié	particularly	12	题	tí	subject
5	完全	wánquán	completely	13	想法	xiǎngfǎ	idea
6	接	jiē	pick up	14	字典	zìdiǎn	dictionary
7	热情	rèqíng	warm-hearted	15	组成	zǔchéng	make up, form
8	所以	suǒyǐ	so	16	句子	jùzi	sentence

识读

1. 叔叔　shūshu　uncle

2. 顺风车　shùnfēngchē　ride sharing

本课语法　Grammar in This Lesson

A 和 B 一样 / 相同

- 放学和上学一样，搭顺风车。
- 大枫的爱好和爸爸的爱好一样。
- 大枫的学校和妹妹的一样不一样？
- 大枫和弟弟一样高。

活动与练习　Activities and Exercises

一、用括号内的词语改写句子
Rewrite the sentences with the words in the brackets

Example:

dà fēng shì fǎ guó rén　　dà wèi yě shì fǎ guó rén
大枫是法国人。大卫也是法国人。→

dà wèi hé dà fēng yí yàng　dōu shì fǎ guó rén　　　　yí yàng
大卫和大枫一样，都是法国人。（一样）

dà fēng xǐ huan chī xī guā　xiǎo yè xǐ huan chī pú tao
1. 大枫喜欢吃西瓜。小叶喜欢吃葡萄。

　　　　　　　　　　　　　　　　　　　　bù yí yàng
_____。（不一样）

xiǎo lì shàng èr nián jí　xiǎo míng yě shàng èr nián jí
2. 小丽上二年级。小明也上二年级。

　　　　　　　　　　　　　　　　　　　　　yí yàng
_____。（一样）

dà fēng chuān bái sè de chèn shān　dà fēng bà ba chuān lán sè de chèn shān
3. 大枫穿白色的衬衫。大枫爸爸穿蓝色的衬衫。

　　　　　　　　　　　　　　　　　　　　bù yí yàng
_____。（不一样）

第一单元 交通、购物

二、连线 Match the Pinyin with the correct Chinese and English words

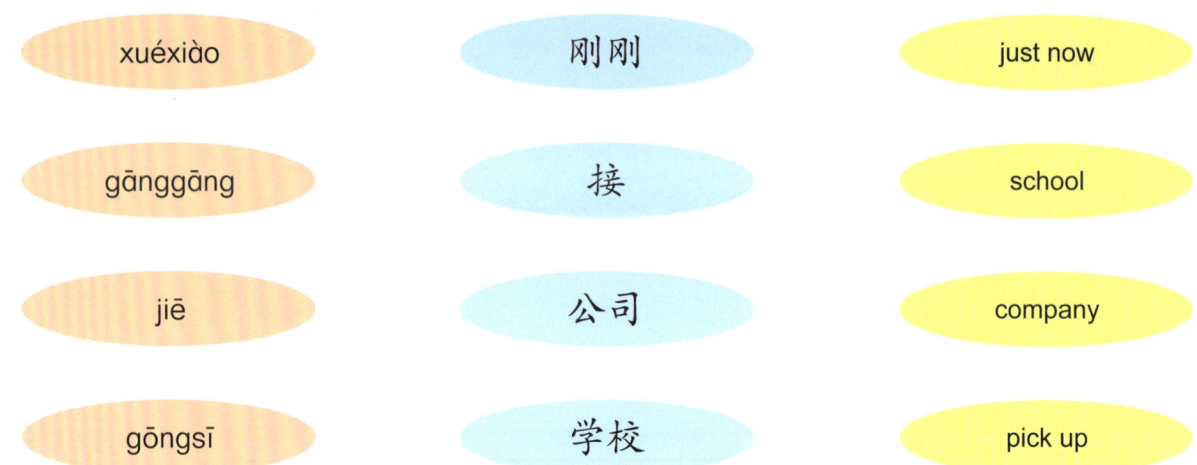

三、写出下列汉字的笔顺 Write the stroke order of the following characters

接

经

特

刚

作

课文二　Text 2

同学：你每天怎么来学校？

小叶：我骑自行车上学。

你呢？

同学：我家离学校挺近的，差不多走15分钟就到学校了，所以我习惯每天走路上学。

小叶：如果下雨呢？

同学：那就没办法走路出门了。只要下雨或下雪，爸爸就开车送我。爸爸如果没时间就会让司机送，送到后司机会给爸爸发信息。你呢？

小叶：下雨也会影响我骑车上学，这时妈妈会跟爷爷商量，请爷爷送我来学校。

第一单元 交通、购物

词语学习　Word Learning

识写

1. 骑　qí　ride
2. 自行车　zìxíngchē　bicycle
3. 差不多　chàbuduō　nearly
4. 习惯　xíguàn　be used to
5. 如果　rúguǒ　if
6. 办法　bànfǎ　way, method
7. 出门　chū//mén　go out
8. 下雪　xià xuě　snow
9. 司机　sījī　driver
10. 送到　sòngdào　send to
11. 信息　xìnxī　message
12. 影响　yǐngxiǎng　influence
13. 商量　shāngliang　discuss

本课语法　Grammar in This Lesson

只要……就……

- 只要下雨或下雪，爸爸就开车送我。
- 只要明天天晴，我们就去海边玩儿。
- 只要你认真学，就能学会。

36

活动与练习 Activities and Exercises

一、用"只要……就……"改写句子
Rewrite the sentences with "只要……就……"

Example:
rú guǒ míng tiān bú xià yǔ　wǒ men jiù qù dòng wù yuán
如果明天不下雨，我们就去动物园。→
zhǐ yào míng tiān bú xià yǔ　wǒ men jiù qù dòng wù yuán
只要明天不下雨，我们就去动物园。

rú guǒ shì xià yǔ tiān　bà ba jiù huì sòng wǒ qù shàng xué
1. 如果是下雨天，爸爸就会送我去上学。

_____。

rú guǒ nǐ shàng kè bú rèn zhēn　jiù xué bu huì hàn yǔ
2. 如果你上课不认真，就学不会汉语。

_____。

rú guǒ míng tiān fàng jià　bà ba jiù huì dài wǒ qù kàn yé ye nǎi nai
3. 如果明天放假，爸爸就会带我去看爷爷奶奶。

_____。

二、词语搭配：选择合适的动词填空
Word collocation: Fill in the blanks with the appropriate verbs chosen

| zuò | qù | qí | dā | zǒu |
| 坐 | 去 | 骑 | 搭 | 走 |

　　　xué xiào　　　　　　　　　shùn fēng chē
1. (　　) 学校　　　　2. (　　) 顺风车

　　　lù　　　　　　　　　　　huǒ chē
3. (　　) 路　　　　　4. (　　) 火车

　　　zì xíng chē
5. (　　) 自行车

三、说一说 Discussion

请用汉语和同学们说一说"你每天怎么来上学?""和谁一起来上学?""需要花多少时间?",最后把重要的对话记录下来。

Talk about with your classmates in Chinese: "How do you come to school every day?", "Who are you going to school with?", and "How long will it take?". Finally, record the main points of the conversation.

课文三　Text 3

大枫：马上到假期了，你打算去哪儿玩儿？

小叶：我爸爸说会带我们全家去西安旅行。

大枫：你们坐火车去还是坐飞机去？

小叶：爸爸说我们先坐火车去，然后坐飞机回来。你呢？

大枫：我们家要去海南岛自由行。那里的大海特别漂亮，我们可以在海边吹海风，坐船出海，还可以游泳。

小叶：听着就挺有意思！听说那里白天太阳大，夜里天上有很多星星，还有大大的月亮。

第一单元 交通、购物

大枫：是的，我一直都想看看真正的大海。

小叶：那祝你假期愉快！

词语学习　Word Learning

识写

1	假期	jiàqī	holiday
2	打算	dǎsuàn	plan
3	全家	quánjiā	whole family
4	旅行	lǚxíng	travel
5	然后	ránhòu	then
6	自由	zìyóu	free
7	大海	dàhǎi	sea
8	漂亮	piàoliang	beautiful
9	海	hǎi	sea
10	海边	hǎi biān	seaside
11	吹	chuī	blow
12	船	chuán	boat
13	出海	chū//hǎi	put (out) to sea
14	听说	tīngshuō	hear of
15	太阳	tàiyáng	sun
16	夜里	yèlǐ	at night
17	星星	xīngxing	star
18	月亮	yuèliang	moon
19	真正	zhēnzhèng	real

识读

1	游泳	yóuyǒng	swim
2	祝	zhù	wish
3	愉快	yúkuài	happy

 **地名**

1. 西安　Xī'ān　Xi'an, the capital city of Shaanxi Province

2. 海南岛　Hǎinán Dǎo　Hainan Island

本课语法　Grammar in This Lesson

（是）……，还是……？

- 你们坐火车去还是坐飞机去？
- 星期天我们去海边，还是去公园？
- 你是喝可乐，还是喝牛奶？

活动与练习　Activities and Exercises

一、模仿例句，写下自己的句子
Write your own sentences following the example sentences

1. wǒ hé bà ba yí yàng dōu xǐ huan chī xī guā
我和爸爸一样，都喜欢吃西瓜。

　　____和____一样，_____。

　　____和____不一样，_____。

2. zhǐ yào zǒu chà bu duō fēn zhōng jiù dào xué xiào le
只要走差不多15分钟就到学校了。

　　只要_____就_____。

　　只要_____，就_____。

41

第一单元 交通、购物

3. 你们坐火车去还是坐飞机去？
   nǐ men zuò huǒ chē qù hái shi zuò fēi jī qù

   _____ 还是 _____ ?
              hái shi

   _____ 是 _____ ，还是 _____ ?
          shì   hái shi

二、按照所给类别分别写四个条目 Write four items for the categories given

颜色 Colors: _____ _____ _____ _____
yán sè

水果 Fruits: _____ _____ _____ _____
shuǐ guǒ

交通工具 Means of transport: _____ _____ _____ _____
jiāo tōng gōng jù

衣服 Clothes: _____ _____ _____ _____
yī fu

三、交际任务 Communicative task

一个月后就是暑假了，你和你的朋友在讨论去中国旅行的事情，讨论的内容如下（不仅限于这些）：
It will be summer vacation in a month, and you and your friends are discussing traveling to China. (The discussion is not limited to these topics):

旅行时间 Travel time
lǚ xíng shí jiān

旅行线路 Travel route
lǚ xíng xiàn lù

旅行方式 Ways to travel
lǚ xíng fāng shì

搭乘交通工具 Means of transport used
dā chéng jiāo tōng gōng jù

42

译一译 Translation

一、将下列句子翻译成中文，并写下来
Translate the following sentences into Chinese and write them down

1 Welcome! Can I help you?

2 The bus stop is just in front of the school.

3 I want to buy a blue shirt.

4 My father goes to work by bus every morning.

二、从两段对话中选择一段，翻译成中文
Choose one of the two dialogs and translate it into Chinese

Dialog 1

Tom: Excuse me. May I ask where the supermarket is?

Passer-by: Go along the street and turn left. You'll see it.

Tom: Is it far away from here?

Passer-by: It's very close. You can walk there.

Tom: Thank you very much.

Passer-by: You're welcome.

Dialog 2

Clerk: Welcome! Can I help you?

Tom: Hello! I want to buy some fruits.

Clerk: What fruit would you like?

Tom: I want to buy a watermelon and two kilos of apples.

Clerk: OK. Here you are.

Tom: Thanks. How much are they?

Clerk: 45 yuan.

Tom: OK. Here you are.

中国古诗
Classical Chinese Poem

春夜喜雨(节选)
chūn yè xǐ yǔ jié xuǎn

[唐]杜甫
táng dù fǔ

好雨知时节,
hǎo yǔ zhī shí jié

当春乃发生。
dāng chūn nǎi fā shēng

随风潜入夜,
suí fēng qián rù yè

润物细无声。
rùn wù xì wú shēng

在教师的指导下,背诵这首诗。
Recite this poem under the teacher's instruction.

第二单元
Unit 2

tiān qì qì hòu
天气气候
Weather and Climate

第四课　明天天气怎么样？
Lesson 4　What Will the Weather Be Like Tomorrow?

课文一　Text 1

同学：今天阴天，天气不太好。明天天气怎么样？

大枫：明天要刮大风，下大雪。

同学：明天多少度？

大枫：明天特别冷，零下十度左右。下周天晴后，气温才到零度以上。我怕你刚来可能会难受。

同学：放心吧，我会照顾好自己的，不过要谢谢你的关心。

词语学习 Word Learning

识写

1	阴天	yīntiān	cloudy day
2	雪	xuě	snow
3	度	dù	degree
4	零下	líng xià	below zero
5	周	zhōu	week
6	下周	xià zhōu	next week
7	晴	qíng	sunny
8	气温	qìwēn	temperature
9	以上	yǐshàng	above, more than
10	怕	pà	be afraid of
11	刚	gāng	just
12	可能	kěnéng	maybe, probably
13	难受	nánshòu	unwell
14	放心	fàng//xīn	be at ease
15	照顾	zhàogù	take care of
16	自己	zìjǐ	oneself
17	不过	búguò	but
18	关心	guānxīn	care about

识读

左右	zuǒyòu	about

本课语法 Grammar in This Lesson

名词谓语句

- 今天阴天。
- 明天晴天。
- 星期一运动会。
- 这本书谁的？

第二单元　天气气候

 活动与练习　Activities and Exercises

一、排列句子　Rearrange the words/phrases to form sentences

Example:

jiào　míng zi　nǐ　shén me
叫　名字　你　什么　？

nǐ jiào shén me míng zi
你叫什么名字？

1. tiān qì　xīng qī yī　zěn me yàng
　天气　星期一　怎么样　？

_____

2. líng xià　míng tiān　shí dù
　零下　明天　十度　。

_____

3. bǐ　zuó tiān　lěng　jīn tiān
　比　昨天　冷　今天　。

_____

4. tè bié　kàn　xiǎng　xuě　wǒ
　特别　看　想　雪　我　。

_____

5. huì　kě néng　jīn tiān　xià xuě
　会　可能　今天　下雪　。

_____

48

二、完成句子 Complete the sentences

yīn tiān　　tè bié　　xià xuě　　rè　　lěng
阴天　　特别　　下雪　　热　　冷

　　　jīn tiān　　　　　　　　kě néng huì xià yǔ
1. 今天_____，可能会下雨。

　　tīng tiān qì yù bào shuō míng tiān　　　lěng　líng xià shí dù zuǒ yòu
2. 听天气预报说明天_____冷，零下十度左右。

　　jīn tiān hěn　　　　　yǒu sān shí qī dù
3. 今天很_____，有三十七度。

　　wài miàn tài　　　　le　yì zhí zài xià xuě
4. 外面太_____了，一直在下雪。

　　tīng shuō xīng qī yī huì　　　　wǒ hái cóng lái méi jiàn guo xuě ne
5. 听说星期一会_____，我还从来没见过雪呢。

三、用下面的词语，和你的朋友谈谈天气
Talk about weather with your friends using the following words

qíng tiān
晴天

yīn tiān
阴天

dǎ léi
打雷

guā fēng
刮风

xià xuě
下雪

xià yǔ
下雨

cǎi hóng
彩虹

tài yáng
太阳

yuè liang
月亮

xīng xing
星星

Example:
jīn tiān tiān qì hěn hǎo　qíng tiān　méi yǒu fēng
今天天气很好，晴天，没有风。

课文二　Text 2

小叶：妈妈，这几天好像越来越冷了。

妈妈：是啊，外面下着雪呢!

小叶：今天比昨天还冷啊!

妈妈：是啊!

小叶：明天呢?

妈妈：明天天气会变好，听天气预报说明天是晴天。

小叶：妈妈，明天我想跟朋友去动物园玩儿，可以吗?

妈妈：你们不是上周末刚去过吗?

小叶：上周是去过，但

玩儿的时间有点儿短，我们这周还想去动物园看小动物。

妈妈：去吧，需要家长一起去吗？

小叶：不用，李华的哥哥放假回国了，他和我们一起去。我可以照顾好自己。

妈妈：行，妈妈相信你可以做到，如果遇到麻烦记得给我打电话。

小叶：放心吧，妈妈！

词语学习　Word Learning

 识写

#	词	拼音	英文
1	好像	hǎoxiàng	seem
2	越	yuè	more
3	越来越	yuè lái yuè	more and more
4	啊	a	ah
5	变	biàn	change
6	晴天	qíngtiān	sunny day
7	动物	dòngwù	animal
8	动物园	dòngwùyuán	zoo
9	周末	zhōumò	weekend
10	过	guo	used to indicate past action/experience
11	家长	jiāzhǎng	parent of a child
12	相信	xiāngxìn	believe
13	做到	zuòdào	succeed in doing (sth.)

第二单元 天气气候

 识读

1. 预报　yùbào　forecast
2. 麻烦　máfan　trouble
3. 遇到　yùdào　come across

本课语法 Grammar in This Lesson

越来越

- 这几天好像越来越冷了。
- 姐姐越来越漂亮了。
- 弟弟长得越来越高了。
- 大枫汉语说得越来越好了。

着

- 外面下着雪呢！
- 外面下着雨，你别出去了。
- 电视开着，但是客厅里没有人。

过

- 你们不是上周末刚去过吗？
- A：你去过中国吗？
  B：我去过中国，我还学过一点儿中文呢。

 活动与练习 Activities and Exercises

一、用"越来越……"改写句子 Rewrite the sentences with "越来越……"

 Example:　tiān qì biàn lěng le　　　tiān qì yuè lái yuè lěng le
　　　　　　天气变冷了。→ 天气越来越冷了。

4 明天天气怎么样？

1. yǔ biàn xiǎo le
   雨 变 小 了。 _____

2. dà fēng zhǎng gāo le
   大 枫 长 高 了。 _____

3. huā biàn hóng le
   花 变 红 了。 _____

二、选词填空 Choose the words and fill in the blanks

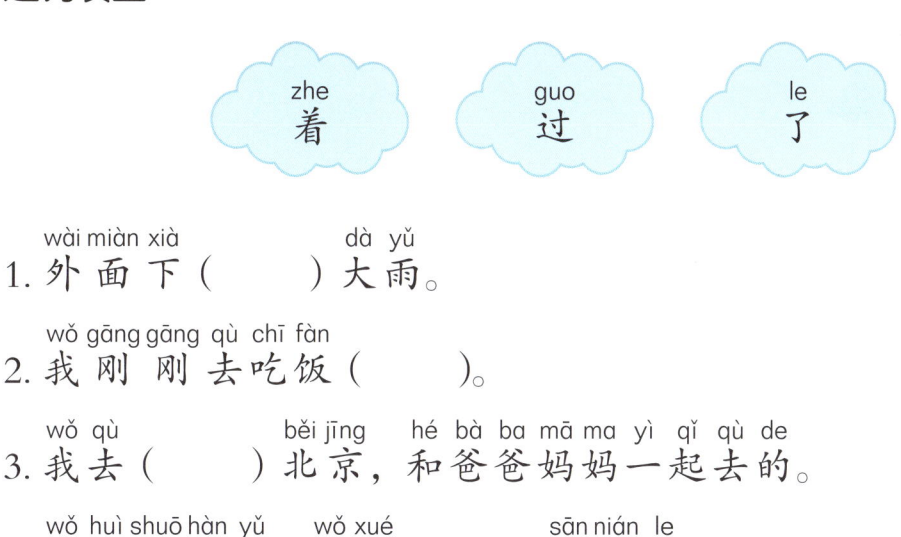

1. wài miàn xià   dà yǔ
   外 面 下（　　）大 雨。

2. wǒ gāng gāng qù chī fàn
   我 刚 刚 去 吃 饭（　　）。

3. wǒ qù   běi jīng   hé bà ba mā ma yì qǐ qù de
   我 去（　　）北 京，和 爸 爸 妈 妈 一 起 去 的。

4. wǒ huì shuō hàn yǔ   wǒ xué   sān nián le
   我 会 说 汉 语，我 学（　　）三 年 了。

5. wǒ kàn   zhè běn shū   hěn hǎo kàn
   我 看（　　）这 本 书，很 好 看。

三、完成任务 Complete the tasks

1. 根据所学知识，写出形容天气的词语。
   Write the words describing weather based on what you learned.

第二单元 天气气候

2. **角色扮演**：你是一名天气预报播报员，请你用所学的词语和句子告诉大家未来三天的天气。
   Role-play: Suppose you were a weather forecast announcer. Please use the words and sentences you learned to tell everyone the weather in the next three days.

课文三　Text 3

同学：今天有点儿冷，你知道今天多少度吗？

大枫：零下5度，而且天气预报说今天会下雪。

同学：太好了！我想看下雪。

大枫：你以前生活的地方下雪吗？

同学：不下。正是因为以

前生活的地方从来没下过雪,所以我特别想看雪。

大枫:下雪在东北很正常的,冬天经常可以看到,今后看雪的机会很多。快准备相机吧!也许一会儿就下雪了。

词语学习　　Word Learning

识写

1	而且 érqiě	and (also)
2	以前 yǐqián	before
3	生活 shēnghuó	live
4	正是 zhèng shì	just
5	因为 yīnwèi	because
6	东北 Dōngběi	northeast China
7	正常 zhèngcháng	normal
8	冬天 dōngtiān	winter
9	经常 jīngcháng	often
10	今后 jīnhòu	from now on
11	机会 jīhuì	chance
12	相机 xiàngjī	camera
13	也许 yěxǔ	maybe

识读

	从来 cónglái	at all times

第二单元 天气气候

本课语法 Grammar in This Lesson

因为……，所以……/ 因为……，……/……，所以……

- **因为**以前生活的地方从来没下过雪，**所以**我特别想看雪。
- 大枫**因为**头疼，**所以**没有去学校。
- **因为**外面太热了，我买了一杯冰水。
- 作业太多了，**所以**我没去公园。

活动与练习 Activities and Exercises

一、模仿例句，写下自己的句子
Write your own sentences following the example sentence

Example:
yīn wèi yǐ qián shēng huó de dì fang cóng lái méi xià guo xuě
因为以前 生活的地方 从来没下过雪，
suǒ yǐ wǒ tè bié xiǎng kàn xuě
所以我特别 想 看雪。

1. 因为 _____ yīn wèi ，所以 _____ suǒ yǐ 。

2. _____ ，所以 _____ suǒ yǐ 。

3. 因为 _____ yīn wèi ，_____ 。

二、完成对话 Complete the dialogs

1. A：明 天 天 气 怎 么 样？
   míng tiān tiān qì zěn me yàng

   B：_____ 。

56

2. A：_____？

　　　　　　tiān qì yù bào shuō míng tiān yǒu xuě
　　B：天气预报说明天有雪。

　　A：_____？

　　　　　zuì dī líng xià yī dù
　　B：最低零下一度。

　　　　　nǐ men guó jiā de xià tiān rè ma
3. A：你们国家的夏天热吗？

　　　　bú rè
　　B：不热，_____。

　　　　tài shū fu le
　　A：太舒服了！

三、替换练习 Substitution drills

①
　　míng tiān yīn tiān   zuì gāo qì wēn   dù
　　明天阴天，最高气温10度。

　　qíng tiān   guā fēng   yǒu yǔ
　　晴天　刮风　有雨

②
　　jīn tiān hěn lěng   cái   dù
　　今天很冷，才5度。

　　rén hěn shǎo   gè
　·人很少　个

　　shí jiān hěn duǎn   fēn zhōng
　·时间很短　分钟

　　lóu bù gāo   céng
　·楼不高　层

③
　　tiān qì yù bào shuō xià xīng qī yǒu yǔ
　　天气预报说下星期有雨。

　　lǎo shī   xué xīn kè
　·老师　学新课

　　péng you   yì qǐ qù kàn diàn yǐng
　·朋友　一起去看电影

　　fù mǔ   qù zhōng guó
　·父母　去中国

4

A：最高气温一般多少度？
B：一般35度左右。

- 你们 什么时候下课 15：30
- 你 几点起床 6：00
- 你 几点睡觉 21：30

第五课　北京的秋天很舒服
Lesson 5　Autumn in Beijing Is Very Pleasant

课文一　Text 1

上海的春天不太冷，白天气温在十二度左右。南京的夏天非常热，白天最高气温达三十七度，是全国最热的几个城市之一了，但有时忽然下雨，会凉快一点儿。北京的秋天很舒服，经常是晴天，白天气温在二十度左右，秋天的北京总是有很多游客。哈尔滨的冬天特别冷，老是下雪，但如果你喜欢雪的话，就应该去看看。那里最低气温零下二十几度，冬天很多外地旅客都去那儿玩儿雪。

词语学习 Word Learning

识写

1	春天	chūntiān	spring
2	不太	bú tài	not very
3	夏天	xiàtiān	summer
4	全国	quánguó	throughout the country
5	城市	chéngshì	city
6	忽然	hūrán	suddenly
7	凉快	liángkuai	nice and cool
8	秋天	qiūtiān	autumn
9	舒服	shūfu	pleasant
10	游客	yóukè	traveler, tourist
11	老是	lǎoshì	always
12	外地	wàidì	other places of the country (than where one is)
13	旅客	lǚkè	tourist

识读

1	达	dá	to
2	之一	zhī yī	one of
3	总是	zǒngshì	always

地名

1	上海	Shànghǎi	Shanghai
2	南京	Nánjīng	Nanjing
3	哈尔滨	Hā'ěrbīn	Harbin

 本课语法　Grammar in This Lesson

……的话

- 如果你喜欢雪的话，就应该去看看。
- 你明天有时间的话，我们一起去医院看看大枫吧。
- 你们不能来学校的话，应该向老师请假。

 活动与练习　Activities and Exercises

一、写出下列汉字的笔顺 Write the stroke order of the following characters

| 春 | | | | | | | | | | | |

| 夏 | | | | | | | | | | | |

| 秋 | | | | | | | | | | | |

| 冬 | | | | | | | | | | | |

二、读一读 Speaking practice

shàng hǎi de chūn tiān　　dù dào　dù　jīng cháng xià yǔ
上海的春天：10度到20度，经常下雨。

nán jīng de xià tiān　　dù dào　dù　cháng cháng shì qíng tiān
南京的夏天：32度到38度，常常是晴天。

^{xiāng gǎng de qiū tiān}   ^{dù dào}   ^{dù}   ^{cháng cháng shì qíng tiān}
香港的秋天：24度到31度，常常是晴天。

^{běi jīng de dōng tiān}   ^{líng xià}   ^{dù dào}   ^{dù}   ^{yǒu shí hou xià xuě}
北京的冬天：零下8度到10度，有时候下雪。

三、看图回答问题 Look at the pictures and answer the questions

	这是什么季节？	用一个颜色形容这个季节。	这个季节有哪些好玩儿的事情可以做？

课文二 Text 2

小叶：好冷啊，冬天要到了，该穿厚外套了。
你们那儿的冬天冷吗？

同学：我们那儿的冬天一般在零下20度左右，最冷的时候室外差不多有零下30度。那时候到处都是白色的，路上的冰很厚，行人走路都很小心。

小叶：啊，你们那儿比这儿冷多了！

同学：是啊，所以我更喜欢春天和秋天。因为

春天能够看见不同颜色的花,秋天不冷也不热,而且秋天很多水果熟了,正是吃水果的好时候。你呢?你喜欢什么季节?

小叶:都差不多,春天、秋天、冬天,我都喜欢。

同学:那你不喜欢夏天吗?

小叶:夏天太热了,而且老是下雨,特别是六七月份,我不太愿意出门。

词语学习　Word Learning

识写

1	该	gāi	should
2	一般	yìbān	usual, general
3	那时候	nà shíhou	(at) that time
4	到处	dàochù	at all places
5	行人	xíngrén	passer-by
6	小心	xiǎoxīn	be care ful
7	更	gèng	more
8	能够	nénggòu	be able to
9	花	huā	flower
10	熟	shú	ripe

11 月份　yuèfèn　month　　12 愿意　yuànyì　be willing/ready

识读

1 厚　hòu　thick　　3 季节　jìjié　season

2 冰　bīng　ice

本课语法　Grammar in This Lesson

该……了……

- 冬天要到了，该穿厚外套了。
- 五点了，该放学了。
- 天要下雨了，我们该回家了。
- 十二点了，该吃饭了。

比

- 你们那儿比这儿冷多了。
- 哈尔滨比南京冷多了。
- 屋里要比屋外凉快一些。
- 这件衣服比那件便宜二十元。

愿意

- 夏天太热了，我不太愿意出门。
- 他愿意学钢琴。
- 她不愿意练游泳。

活动与练习　Activities and Exercises

一、双人练习：回答问题 Pair work: Answer the following questions

xiàn zài shì shén me jì jié
现在是什么季节？

zhè ge jì jié zuì gāo qì wēn yì bān duō shao dù　zuì dī ne
这个季节最高气温一般多少度？最低呢？

你最喜欢什么季节？为什么？

这儿的天气跟你们国家的天气一样吗？

你觉得这儿最好的季节是哪一个？

这个季节可以做什么？

二、课堂展示：语段表达 Class presentation: Paragraph expression

说一说你们国家的天气。
Talk about the weather in your country.

三、完成任务 Complete the tasks

1. 根据你自己国家／城市的天气，画一画或者写一写每个季节的特点。
   Draw or write about the characteristics of each season based on the weather in your own country/city.

chūn tiān 春 天	xià tiān 夏 天	qiū tiān 秋 天	dōng tiān 冬 天

2. 调查：谁的家乡夏天最热？冬天最冷？
   Survey: Whose hometown is the hottest in summer and the coldest in winter?

	夏天	冬天
城市		
时间（从……到……）		
一般气温		
最高气温 / 最低气温		

第六课 最近气温变化大

Lesson 6　There Has Been a Significant Change in Temperature Recently

课文一　Text 1

大枫：你吃饭了吗?

同学：还没有呢，我不饿。

大枫：你怎么了? 是不是身体不舒服?

同学：最近气温变化大，我感冒了，头和眼睛都很痛，还有点儿咳嗽。实在难受!

大枫：那你快去医院看医生啊!

同学：老师已经通知妈妈了，她一会儿就来接我去医院。

大枫：你们是看西医还是中医?

同学：看中医。
大枫：那你要好好休息，这样才能好得快。

词语学习 Word Learning

识写

1. 最近 zuìjìn recently
2. 眼睛 yǎnjing eye
3. 实在 shízài really
4. 已经 yǐjīng already
5. 一会儿 yíhuìr a little while
6. 西医 xīyī Western medicine
7. 中医 zhōngyī Chinese medicine
8. 这样 zhèyàng in this way

识读

1. 变化 biànhuà change
2. 感冒 gǎnmào (common) cold
3. 痛 tòng ache
4. 咳嗽 késou cough

本课语法 Grammar in This Lesson

还

- 我感冒了，头和眼睛都很痛，还有点儿咳嗽。
- 小叶不但会说中文，还会说英语。
- 大枫学习成绩好，还经常帮助同学。
- 我们要学习好，还要身体好。

活动与练习 Activities and Exercises

一、模仿例句，写下自己的句子
Write your own sentences following the example sentence

Example:
wǒ gǎn mào le tóu hěn tòng hái yǒu diǎnr ké sou
我感冒了，头很痛，还有点儿咳嗽。

1. _____，还 hái _____。
2. _____，还 hái _____。
3. _____，还 hái _____。

二、选词填空 Choose the words and fill in the blanks

| chuān | chī | ké sou | tòng | gǎn mào |
| 穿 | 吃 | 咳嗽 | 痛 | 感冒 |

mèi mei jīn tiān   le méi qù xué xiào
1. 妹妹今天（　　　）了，没去学校。

tiān qì lěng nǐ jīn tiān yào duō   diǎnr yī fu
2. 天气冷，你今天要多（　　　）点儿衣服。

wǒ bù xǐ huan   yào
3. 我不喜欢（　　　）药。

nǎi nai shuō tā de yǎn jing hěn
4. 奶奶说她的眼睛很（　　　）。

dì di tóu tòng fā shāo hái
5. 弟弟头痛，发烧，还（　　　）。

70

三、选择正确的答案 Choose the correct answer

A. 下午妈妈带我去。
B. 没吃呢，我不饿。
C. 我感冒了，还咳嗽。
D. 我不舒服，我的头很痛。
E. 她身体不舒服，在家休息。

1. 你吃饭了吗？　　　　　　　　　　_____
2. 小叶怎么没来上学？　　　　　　　_____
3. 你什么时候去看医生？　　　　　　_____
4. 你怎么了？　　　　　　　　　　　_____
5. 你还好吗？　　　　　　　　　　　_____

课文二　Text 2

同学：可以借我一支笔吗？

小叶：给你。你好像不太舒服，怎么了？

同学：我生病了。

小叶：怎么生病了呢？

同学：昨天我去游泳，太冷，回家就感冒了。

小叶：你去看医生了吗？

同学：看过了，医生给我开了药片和药水，还给我打了针。

小叶：那你应该在家休息，怎么还来上课呢？

同学：是应该休息，可是明天有中文考试，我怕考不好。

小叶：你这样上课也学不好，不如回家休息。放心，我一放学就去你家帮你复习今天学的词语。

同学：我还有一些没听懂的对话可以问你吗？

小叶：没问题！我会告诉你一些正确的语言学习方法，你会取得一个好分数的。

同学：那 tài gǎn xiè lā
同学：那太感谢啦！

小叶：bú kè qi wǒ men yì qǐ jiā yóu
小叶：不客气，我们一起加油！

词语学习　Word Learning

识写

1	借	jiè	borrow
2	笔	bǐ	pen
3	药	yào	medicine
4	药片	yàopiàn	(medical) tablet
5	药水	yàoshuǐ	liquid medicine
6	可是	kěshì	but
7	不如	bùrú	not to be so good as
8	帮	bāng	help
9	复习	fùxí	review
10	词语	cíyǔ	words and expressions
11	懂	dǒng	understand
12	对话	duìhuà	dialog
13	正确	zhèngquè	right, correct
14	语言	yǔyán	language
15	方法	fāngfǎ	method
16	取得	qǔdé	get
17	分数	fēnshù	score
18	感谢	gǎnxiè	thank
19	加油	jiāyóu	go for it

识读

1	支	zhī	a measure word for pens
2	打针	dǎ//zhēn	give or receive an injection

第二单元 天气气候

 活动与练习　Activities and Exercises

一、写出下列汉字的笔顺 Write the stroke order of the following characters

| 借 | | | | | | | | | | | | | |

| 药 | | | | | | | | | | | | | |

| 应 | | | | | | | | | | | | | |

| 帮 | | | | | | | | | | | | | |

| 笔 | | | | | | | | | | | | | |

二、替换练习 Substitution drills

74

❸ A：nǐ zuò zuò yè le ma
你做作业了吗？

B：wǒ zuò le, nǐ ne
我做了，你呢？

- wáng lǎo shī　jiāo dì èr kè　lǐ lǎo shī
  王老师　教第二课　李老师
- mā ma　chī fàn　jiě jie
  妈妈　吃饭　姐姐
- mèi mei　shuì jiào　dì di
  妹妹　睡觉　弟弟

三、情景对话 Situation dialogues

情景：你的同学昨天参加篮球赛，衣服穿得少，天气太冷，他生病了。请询问他的病情。
Scenario: Your classmate who participated in a basketball game yesterday is sick since he didn't wear many clothes and the weather was cold. Please inquire him about his disease.

提示 Tips

1. 问候 Greetings

2. 你的同学看起来不舒服，问他怎么了。
   It seems that your classmate is not feeling well. Ask him what happened.

3. 询问他是否看医生了，以及看医生的情况。
   Ask him if he has seen a doctor and how he has done so.

4. 说一些关心和建议的话。Say some words of concern and make suggestions.

5. 可以使用以下词语。You can use the following words.

zěn me le	shì bu shì	le ma　le méi yǒu
怎么了？	是不是……？	……了吗/了没有？
de	nuǎn huo	méi yǒu
得	暖和	没有
hěn kuài	chuān	yī fu
很快……	穿	衣服
suǒ yǐ	yào	yī shēng
所以	药	医生
xiǎng	yīng gāi	
想……	应该……	

第二单元　天气气候

译一译　Translation

一、选择对应翻译 Choose the corresponding translation

1. How is the weather today?　（　　）

2. Tomorrow will be sunny. I will hang out with my friends.　（　　）

3. It's hot in summer in Nanjing, and the temperature is high there.　（　　）

4. Which is your favorite season, spring, summer, autumn or winter?　（　　）

5. What happened to you?　（　　）

A　nǐ zěn me le
　　你怎么了？

B　nán jīng de xià tiān hěn rè　nàr wēn dù hěn gāo
　　南京的夏天很热，那儿温度很高。

C　jīn tiān tiān qì zěn me yàng
　　今天天气怎么样？

D　chūn xià qiū dōng　nǐ zuì xǐ huan nǎ ge jì jié
　　春夏秋冬，你最喜欢哪个季节？

E　míng tiān tiān qì hěn hǎo　wǒ huì gēn péng you chū qu wánr
　　明天天气很好，我会跟朋友出去玩儿。

二、把下列中文对话翻译成英文 Translate the following Chinese dialog into English

妈妈：宝贝，你现在该起床啦。

丽莎：好的，妈妈。

妈妈：今天有点儿冷，外面在下雨。你多穿点儿衣服。

丽莎：好的，妈妈。我们早上吃什么？

妈妈：面条儿和鸡蛋。你脸色不好，怎么了？

丽莎：我有点儿头疼，不太想吃东西。

妈妈：是吗？那我们现在就去看医生。

中国古诗
Classical Chinese Poem

早发白帝城 (zǎo fā bái dì chéng)

[唐] 李白 (táng lǐ bái)

朝辞白帝彩云间，
(zhāo cí bái dì cǎi yún jiān)

千里江陵一日还。
(qiān lǐ jiāng líng yí rì huán)

两岸猿声啼不住，
(liǎng àn yuán shēng tí bú zhù)

轻舟已过万重山。
(qīng zhōu yǐ guò wàn chóng shān)

在教师的指导下，背诵这首诗。
Recite this poem under the teacher's instruction.

第三单元
Unit 3

休闲娱乐
Leisure and Entertainment

第七课　你的爱好是什么？
Lesson 7　What's Your Hobby?

 课文一　Text 1

我叫小叶，我有很多爱好：听音乐、跳舞、读书、画画儿……我经常一边弹钢琴，一边唱歌。我每天回家完成作业后，先弹两遍钢琴，然后跳一遍舞或画半个小时画儿。睡前我读一个小时故事书。我有很多喜欢的书，也有

非常喜欢的作家和画家。这个周末爸爸要带我去听音乐会，我非常开心！接下来，我还会参加青少年科学小组，可以认识很多科学家，也许很快我就会有一个新爱好了！

词语学习　Word Learning

识写

1	音乐	yīnyuè	music
2	画	huà	draw, paint
3	画儿	huàr	picture
4	完成	wán//chéng	finish
5	故事	gùshi	story
6	作家	zuòjiā	writer
7	画家	huàjiā	painter
8	音乐会	yīnyuèhuì	concert
9	开心	kāixīn	happy
10	接下来	jiē xialai	next
11	参加	cānjiā	take part in
12	青少年	qīng-shàonián	teenagers
13	科学	kēxué	science
14	科学家	kēxuéjiā	scientist
15	家	jiā	person engaged in a certain trade

识读

1	跳舞	tiào//wǔ	dance
2	弹	tán	play, pluck (a stringed musical instrument)
3	钢琴	gāngqín	piano

# 本课语法 Grammar in This Lesson

遍 / 回 / 次

- 我每天回家完成作业后，先弹两遍钢琴。
- 我去过两回北京。
- 这是我第二次来故宫。

先……，再 / 然后……

- 我每天回家完成作业后，先弹两遍钢琴，然后跳一遍舞。
- 我习惯每天先做作业再去玩儿。
- 爸爸先买了西瓜，然后买了羊肉和鱼。
- A：吃完晚饭我们做什么？
  B：我们先去公园走走，再去游泳。

# 活动与练习 Activities and Exercises

一、模仿例句，写下自己的句子
Write your own sentences following the example sentences

Example: 西安的夏天经常是晴天。
xī ān de xià tiān jīng cháng shì qíng tiān

1. _____ 经常 _____ 。
   jīng cháng

2. _____ 经常 _____ 。
   jīng cháng

7 你的爱好是什么？

Example:
tā yì biān chī fàn   yì biān tīng yīn yuè
他一边吃饭，一边听音乐。

1. _____ 一边 _____ ，一边 _____ 。
2. _____ 一边 _____ ，一边 _____ 。

二、选择正确的选项，完成句子或对话
Choose the right options and complete the sentences/dialog

> wǒ xiàn zài měi tiān dōu qù yóu yǒng
> A. 我现在每天都去游泳。
>
> wǒ dōu huì dú yí gè xiǎo shí de gù shi shū
> B. 我都会读一个小时的故事书。
>
> wǒ xǐ huan tiào wǔ
> C. 我喜欢跳舞。
>
> duì bu qǐ   wǒ měi tiān fàng xué hòu dōu yào qù shàng gāng qín kè
> D. 对不起，我每天放学后都要去上钢琴课。
>
> yǒu shí hou tán gāng qín   yǒu shí hou tīng yīn yuè
> E. 有时候弹钢琴，有时候听音乐。

nǐ de ài hào shì shén me
1. 你的爱好是什么？_____

měi gè xīng qī tiān de zǎo shang
2. 每个星期天的早上，_____

tiān qì yuè lái yuè rè le
3. 天气越来越热了，_____

nǐ fàng xué hòu yì bān zuò shén me
4. 你放学后一般做什么？_____

xiǎo yè   nǐ jīn tiān fàng xué hòu yǒu shí jiān lái wǒ jiā wánr ma
5. 小叶，你今天放学后有时间来我家玩儿吗？_____

83

三、用"先……，再/然后……"描述你放学后的生活，并和同学交流，最后把重要的内容写下来。Use "先……，再/然后……" to describe your life after school, and communicate with your classmates. Finally, write down the essentials.

 课文二　Text 2

同学：你的爱好是什么？

小叶：我喜欢弹钢琴。

同学：除了弹钢琴，你还喜欢什么？

小叶：最近我看了一个电视节目，爱上了古筝，妈妈就给我报了古筝课。老师要求我每天都练习半个小时。

同学：真的吗？我没听过古筝的声音，你能弹一下吗？

小叶：不好意思！古筝必须练习很长时间才能弹好，我现在弹得还不够好，等我练好了再弹给你听吧！

同学：好啊！你妈妈很重视你的爱好，真好！

小叶：是的。妈妈的看法是人一生有自己的爱好，心里有喜欢的东西，那么日子就会更有意思。

 词语学习　Word Learning

识写

1	节目　jiémù　program	4	必须　bìxū　must
2	练习　liànxí　practice	5	不够　búgòu　not enough
3	不好意思　bù hǎoyìsi　excuse me	6	重视　zhòngshì　attach importance to

7	看法	kànfǎ	opinion		10	那么	nàme	then
8	一生	yìshēng	lifetime		11	日子	rìzi	day
9	心里	xīnli	mind, heart		12	意思	yìsi	interesting

识读

古筝　gǔzhēng　*zheng*, a 21- or 25-stringed plucked instrument

本课语法　Grammar in This Lesson

才

- 古筝必须练习很长时间才能弹好。
- 他听了几遍才听明白。
- 我找了10分钟才找到这本书。
- 爸爸学了一天才学会这道菜。

活动与练习　Activities and Exercises

一、写出下列汉字的笔顺　Write the stroke order of the following characters

故

事

二、读一读，写一写 Read and write

<small>wǒ jiào xiǎo lì   wǒ yǒu hěn duō ài hào   wǒ zuì xǐ huan de shì tiào wǔ   wǒ yì tīng dào</small>
我叫小丽，我有很多爱好。我最喜欢的是跳舞，我一听到

<small>yīn yuè jiù xiǎng tiào wǔ   wǒ de jiā li yǒu sì kǒu rén   bà ba   mā ma   jiě jie hé wǒ</small>
音乐就想跳舞。我的家里有四口人，爸爸、妈妈、姐姐和我，

<small>wǒ men quán jiā dōu hěn xǐ huan yīn yuè   zhōu mò zài jiā de shí hou   bà ba tán gāng qín</small>
我们全家都很喜欢音乐。周末在家的时候，爸爸弹钢琴，

<small>mā ma chàng gē   jiě jie tán gǔ zhēng   wǒ tiào wǔ   yǒu shí hou   bà ba   mā ma bú zài jiā</small>
妈妈唱歌，姐姐弹古筝，我跳舞。有时候，爸爸、妈妈不在家，

<small>wǒ jiù hé jiě jie yì qǐ tīng yīn yuè   yì qǐ tiào wǔ   wǒ men wánr de hěn kāi xīn</small>
我就和姐姐一起听音乐，一起跳舞，我们玩儿得很开心。

Write your and your family member's hobbies after the passage.

第八课　我们全家都喜欢运动
Lesson 8　Our Whole Family Enjoys Sports

课文一　Text 1

我叫大枫，我们全家都喜欢运动。爸爸喜欢跑步，他每天早上跑半个小时，跑完后回家洗澡再去上班。爸爸总说健康来自运动。妈妈喜欢游泳，她只要有空儿就去游泳馆。弟弟喜欢踢足球，他踢得很好，还有很多双漂亮的球鞋。我喜欢跟朋友去体育馆打网

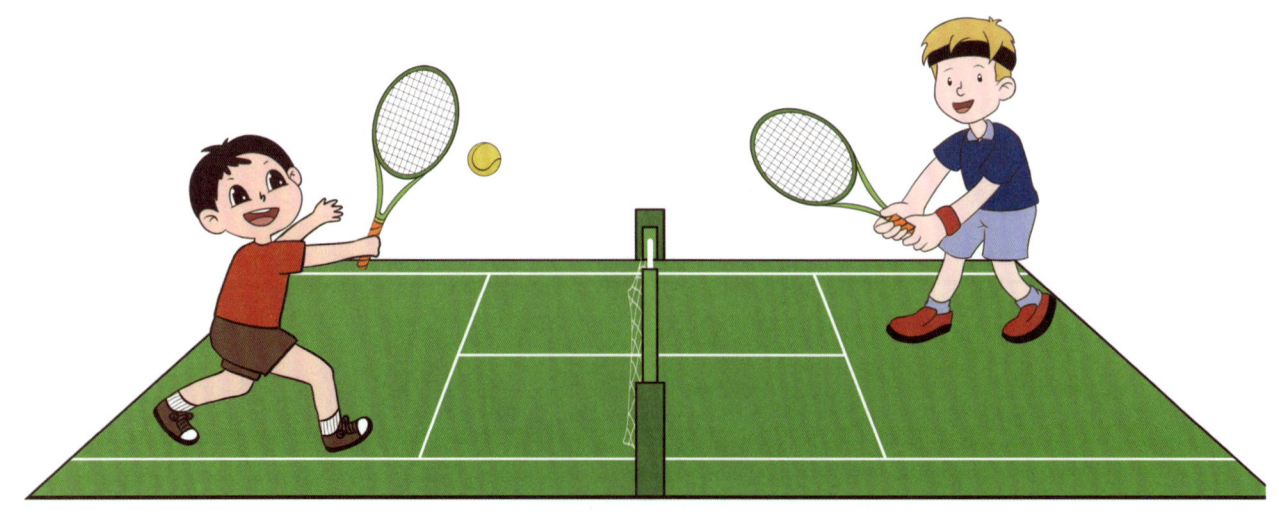

球。虽然我们的水平不高,但是我们很努力。最近我们越来越有信心了,因为我们相信练得越多,提高得越快,态度最重要。

词语学习　Word Learning

识写

1. 完　wán　finish
2. 洗澡　xǐ//zǎo　take a shower
3. 只要　zhǐyào　as long as
4. 球鞋　qiúxié　sneakers
5. 体育　tǐyù　sports
6. 体育馆　tǐyùguǎn　gymnasium
7. 网球　wǎngqiú　tennis
8. 虽然　suīrán　although
9. 努力　nǔlì　effort
10. 信心　xìnxīn　confidence
11. 练　liàn　practice
12. 提高　tígāo　improve
13. 态度　tàidù　attitude

识读

1. 跑步　pǎo//bù　run, jog
2. 踢足球　tī zúqiú　play football

本课语法　Grammar in This Lesson

得

- 弟弟喜欢踢足球，他踢得很好。
- 妹妹玩儿得不开心。
- 你们假期过得怎么样？
- 他中文说得很好。

活动与练习　Activities and Exercises

一、选词填空 Choose the words and fill in the blanks

　　de　　　　　　　　de
　　得　　　　　　　　的

1. zhè shì wǒ　　　　hǎo péng you xiǎo lì
   这是我（　　）好朋友小丽。

2. dà fēng zài xué xiào　　　　rì zi guò　　　　hěn kuài lè
   大枫在学校（　　）日子过（　　）很快乐。

3. yīn yuè lǎo shī gāng qín tán　　　　hěn hǎo
   音乐老师钢琴弹（　　）很好。

4. xiǎo yè zhōng wén shuō　　　　hěn hǎo
   小叶中文说（　　）很好。

5. wǒ　　　　mā ma shì yī shēng
   我（　　）妈妈是医生。

二、读一读 Read the words

lán qiú　　　　zú qiú　　　　yǔ máo qiú　　　　pīng pāng qiú　　　　gāo ěr fū qiú
篮球　　　　足球　　　　羽毛球　　　　乒乓球　　　　高尔夫球

huá xuě	tiào shéng	pǎo bù	pá shān	qí chē
滑雪	跳绳	跑步	爬山	骑车

wǔ shù	bǎo líng qiú	tái qiú	pān yán	diào yú
武术	保龄球	台球	攀岩	钓鱼

三、在老师的指导下，和同学讨论以下话题 Talk about the following topics with your classmates under your teacher's instruction

zài nǐ men guó jiā，rén men xǐ huan shén me yùn dòng
在你们国家，人们喜欢什么运动？

lǎo rén xǐ huan shén me yùn dòng
老人喜欢什么运动？

hái zi men xǐ huan shén me yùn dòng　tā men yǒu shí jiān yùn dòng ma
孩子们喜欢什么运动？他们有时间运动吗？

课文二　Text 2

同学：昨晚我给你家打了三次电话，你都不在。

大枫：我跟朋友一起去打球了。

同学：打什么球？篮球吗？你们每天都打吗？

大枫：不是，乒乓球，我们一周只打一次。你一般晚上都做些什么事情呢？

同学：我也喜欢乒乓球，你不说，我都没想到你也打。我晚上就看看电视，有时听听音乐，看看书。你呢？

大枫：我除了打球，就是上网看看新闻或者有意思的影片。那以

hòu měi zhōu sān wǎn shang qī diǎn yī kè wǒ men yì qǐ qù dǎ
后 每 周 三 晚 上 七 点 一 刻 我 们 一 起 去 打

pīng pāng qiú ba
乒 乓 球 吧。

hǎo a yí dìng qù
同学：好啊，一定去。

词语学习　Word Learning

识写

1	篮球	lánqiú	basketball
2	只	zhǐ	only
3	想到	xiǎngdào	think of
4	有时	yǒushí	sometimes
5	新闻	xīnwén	news
6	有意思	yǒu yìsi	interesting
7	影片	yǐngpiàn	film
8	刻	kè	quarter

识读

	乒乓球	pīngpāngqiú	table tennis

本课语法　Grammar in This Lesson

动词重叠

· 我有时听听音乐，看看书。
· 这家店的面包很好吃，你可以尝尝。
· 我能用用你的手机吗？
· 这束花很香，来，闻闻香味吧。

第三单元 休闲娱乐

 活动与练习　Activities and Exercises

一、填写动词的适当形式 Fill in the appropriate form of the verbs

1. 妈妈，我可以_____电视吗？（看）

2. 这是什么书？可以让我_____吗？（看）

3. 放学后，我一般会和同学_____篮球。（打）

4. 我喜欢弹钢琴，有时也会_____音乐。（听）

5. 爸爸、妈妈每天晚上都要_____步。（跑）

二、替换练习 Substitution drills

① 我打了一个小时羽毛球，太累了。

　踢 一个多小时足球
　骑 两个多小时自行车
　打 三个小时乒乓球

② 下课以后，我会在宿舍休息休息。

　放学　操场　运动运动
　回家　客厅　看看电视

94

3. A：zhōu mò nǐ yì bān gàn shén me
周末你一般干什么？
B：gēn péng you yì qǐ kàn kan diàn yǐng
跟朋友一起看看电影，
tīng ting yīn yuè
听听音乐。

chàng chang gē   dǎ da qiú
唱 唱 歌   打 打 球
liáo liao tiānr   hē he chá
聊 聊 天 儿   喝 喝 茶
guàng guang shāng diàn   liáo liao tiānr
逛 逛 商 店   聊 聊 天 儿
chàng chang gē   tiào tiao wǔ
唱 唱 歌   跳 跳 舞

三、完成对话 Complete the dialogs

1. A：_____?

   B：wǒ xià wǔ dǎ qiú le
   我下午打球了。

   A：nǐ dǎ le duō cháng shí jiān
   你打了多长时间？

   B：_____。

2. A：nǐ měi tiān wǎn shang zuò shén me
   你每天晚上做什么？

   B：_____。

   A：nǐ měi tiān pǎo bù pǎo duō cháng shí jiān
   你每天跑步跑多长时间？

   B：_____。

课文三 Text 3

小叶：你们去哪儿？

同学：去打篮球，我们要参加两周后举行的篮球比赛。

小叶：你们篮球打得怎么样？

同学：他打得不错，我不如他。

小叶：我发现我们班大部分男生都喜欢打篮球。我更喜欢游泳，我和小丽去游过几次泳，她游得非常快。

同学：当篮球明星是许多男生的理想，虽然能实现的很少。那你们一般去哪儿游泳？

小叶：我们平常都去体育馆的游泳池游。

同学：你现在要不要来看我们打球？

小叶：现在不行，我该回去准备明天的中文考试了。

词语学习　Word Learning

识写

1. 举行　jǔxíng　hold (a meeting, ceremony, etc.)
2. 发现　fāxiàn　find
3. 大部分　dàbùfen　most, majority
4. 部分　bùfen　part
5. 明星　míngxīng　star
6. 许多　xǔduō　many
7. 理想　lǐxiǎng　ideal, dream
8. 实现　shíxiàn　realize
9. 平常　píngcháng　(on) ordinary days

识读

1. 比赛　bǐsài　competition
2. 池　chí　pool

本课语法　Grammar in This Lesson

不如

- 他打得不错，我**不如**他。
- 我的中文**不如**大枫的好。
- 今天**不如**昨天冷。
- 这件衣服**不如**那件好看。

活动与练习　Activities and Exercises

一、改写句子 Rewrite the sentences

 Example:
dà fēng de hàn yǔ shuǐ píng bǐ xiǎo yè gāo
大枫的汉语水平比小叶高。→
xiǎo yè de hàn yǔ shuǐ píng bù rú dà fēng gāo
小叶的汉语水平不如大枫高。

mā ma pǎo bù bǐ dà fēng kuài
1. 妈妈跑步比大枫快。

_____

dà wèi zhǎng de bǐ dà fēng gāo
2. 大卫长得比大枫高。

_____

xī guā bù rú pú tao hǎo chī
3. 西瓜不如葡萄好吃。

_____

二、替换练习 Substitution drills

1
A：tā pǎo bù pǎo de zěn me yàng
他跑步跑得怎么样？
B：tā pǎo bù pǎo de hěn kuài
他跑步跑得很快。

yóu yǒng　yóu　hǎo
游泳　游　好

dú shū　dú　lèi
读书　读　累

zuò zuò yè　zuò　màn
做作业　做　慢

2
A：nǐ de jià qī guò de hǎo bu hǎo
你的假期过得好不好？
B：wǒ de jià qī guò de hěn hǎo
我的假期过得很好。

zhōng wén　shuō　bàng
中文　说　棒

lán qiú　dǎ　hǎo
篮球　打　好

gōng kè　zuò　hǎo
功课　做　好

三、对话 Dialog

和你的朋友讨论运动爱好。设计一个对话，可以使用下列词语。
You and your friends are discussing sports hobbies. Design a dialog in which you can use the following words.

qiú sài　lán qiú　pái qiú　zú qiú
球赛　篮球　排球　足球

bàng qiú　　　　pīng pāng qiú　gāo ěr fū qiú
棒球（baseball）乒乓球　高尔夫球

jiàn shēn fáng　yóu yǒng　duàn liàn　tǐ yù guǎn
健身房　游泳　锻炼　体育馆

shè tuán
社团

第九课　音乐让我快乐！
Lesson 9　Music Makes Me Happy!

课文一　Text 1

我叫小叶，我从五岁开始学跳舞。我参加了学校舞蹈队，我们每周都要在舞蹈教室练两个小时的舞。我从六岁开始拉小提琴，每个周末上四十分钟的小提琴课。老师教得很好，我学得很开心。老师还告诉我，学音乐会让我的生活变得更有意思。这个观点我认为非常正确。这次小提琴考试我取得了小学组第一名的好成绩，

lǎo shī xuǎn wǒ dāng zǔ zhǎng bà ba fēi cháng gāo xìng, tā sòng gěi wǒ
老师选我当组长。爸爸非常高兴,他送给我
yì bǎ xīn de xiǎo tí qín
一把新的小提琴。

词语学习 Word Learning

识写

1 教室	jiàoshì	classroom
2 拉	lā	play (a certain musical instrument)
3 观点	guāndiǎn	point of view
4 认为	rènwéi	think, believe
5 小学	xiǎoxué	primary school
6 组	zǔ	group
7 成绩	chéngjì	result
8 组长	zǔzhǎng	group leader
9 送给	sòng gěi	give

识读

1 开始	kāishǐ	start
2 小提琴	xiǎotíqín	violin

本课语法 Grammar in This Lesson

双宾语句

- 爸爸送给我一把新的小提琴。
- 我给妹妹一个苹果。
- 老师问大枫一个问题。
- 我告诉妈妈我的考试成绩。

活动与练习　Activities and Exercises

一、排列句子 Rearrange the words/phrases to form sentences

Example:
jiào　míng zi　nǐ　shén me
叫　名字　你　什么？

nǐ jiào shén me míng zi
你叫什么名字？

gěi　sān ge　wǒ　mā ma　píng guǒ
1. 给　三个　我　妈妈　苹果　。

_____

sòng gěi　yì běn　xīn　wǒ　bà ba　shū
2. 送给　一本　新　我　爸爸　书　。

_____

lǎo shī　wǒ men　jiāo　zhōng wén
3. 老师　我们　教　中文　。

_____

bù rú　gē ge　zhǎng de　dà fēng　gāo
4. 不如　哥哥　长得　大枫　高　。

_____

liǎng gè xiǎo shí　xīng qī　wǒ men　měi ge　de　tiào　wǔ
5. 两个小时　星期　我们　每个　的　跳　舞　。

_____

二、读短文，完成练习 Read the passage and complete the exercises

tiān tiān shì wǒ de hǎo péng you。　tā gēn wǒ yí yàng dà，　wǒ men jīn nián dōu shí sān suì
天天是我的好朋友。他跟我一样大，我们今年都十三岁。
tā bā suì shí gēn fù mǔ qù le yīng guó。　tā xiàn zài zài yīng guó shàng xué
他八岁时跟父母去了英国。他现在在英国上学。

tā cóng wǔ suì kāi shǐ tiào jiē wǔ　xiàn zài tā měi tiān dōu tiào yí gè xiǎo shí de jiē wǔ　tā
他从五岁开始跳街舞，现在他每天都跳一个小时的街舞。他
hái xǐ huan yóu yǒng　tā chà bu duō měi gè xīng qī liù dōu qù yóu yǒng guǎn yóu yǒng　tā dōng tiān
还喜欢游泳。他差不多每个星期六都去游泳馆游泳，他冬天
yě huì qù yóu
也会去游。

wǒ jīn nián xià tiān yào qù yīng guó kàn tā
我今年夏天要去英国看他。

正确的画"√"，错误的画"×"。Tick "√" for right, and "×" for wrong.

1. 天天今年十三岁。　　　　　　　　　　　　　　（　　）
2. 天天是在英国出生的。　　　　　　　　　　　　（　　）
3. 天天现在每天都跳街舞。　　　　　　　　　　　（　　）
4. 除了冬天，天天差不多每个星期六都游泳。　　　（　　）
5. "我"现在也在英国。　　　　　　　　　　　　　（　　）

三、读一读：球类和运动 Read the ball games and sports

拉丁舞　　民族舞　　芭蕾舞　　踢踏舞　　街舞

课文二　Text 2

同学：你参加了学校的哪个社团？

小叶：我参加的是舞蹈社团。

同学：那你们跳什么舞呢？

小叶：我们各种舞都跳，比如民族舞、街舞等。最近，我们在跳扇子舞。这个舞是我们自己选的，虽然不如街舞流行，但很有特色。我们这些小留学生组成的扇子舞队受到了大家的欢迎，校长都提出要和我们照相呢！你呢？你喜欢跳舞吗？

同学：我喜欢，不过我跳得有点儿难看，所以不好意思跳。

小叶：没关系的，我们开始也跳得不好，多练习就行了。快点儿来我们社团吧，社团里头都是爱跳舞的人，一起跳舞真的非常快乐！

同学：好的，我马上报名。

词语学习　Word Learning

识写

1	比如	bǐrú	such as
2	选	xuǎn	choose
3	流行	liúxíng	popular
4	特色	tèsè	characteristic
5	留学生	liúxuéshēng	international student
6	队	duì	team
7	受到	shòudào	receive, get
8	校长	xiàozhǎng	headmaster
9	提出	tíchū	put forward
10	照相	zhào//xiàng	take a photo
11	难看	nánkàn	ugly, unsightly
12	快点儿	kuài diǎnr	hurry up
13	里头	lǐtou	in
14	快乐	kuàilè	happy

第三单元 休闲娱乐

识读

1. 社团 shètuán club, association
2. 舞蹈 wǔdǎo dance
3. 各 gè each
4. 扇子 shànzi fan
5. 街舞 jiēwǔ street dance

本课语法 Grammar in This Lesson

呢

- 那你们跳什么舞呢?
- 我们准备参加校外比赛。你呢?
- 课本在桌子上,笔呢?

是……的

- 这个舞是我们自己选的。
- 爸爸是开车去的。
- 这件事是大枫告诉我的。
- 衣服是妈妈买的。

活动与练习 Activities and Exercises

一、模仿例句,写下自己的句子
Write your own sentences following the example sentences

Example:
A: nǐ shì zěn me lái běi jīng de
你是怎么来北京的?
B: wǒ shì zuò fēi jī lái běi jīng de
我是坐飞机来北京的。

1. A: _____ shì zěn me _____ de
   _____ 是怎么 _____ 的? B: _____ shì _____ de
   _____ 是 _____ 的。

2. A: _____ shì zěn me _____ de
   _____ 是怎么 _____ 的? B: _____ shì _____ de
   _____ 是 _____ 的。

3. A: _____ shì zěn me _____ de
   _____ 是怎么 _____ 的? B: _____ shì _____ de
   _____ 是 _____ 的。

106

二、词语搭配：选择合适的动词填空
Word collocation: Fill in the blanks with the appropriate verbs chosen

xué	kàn	tiào	cān jiā	lā
学	看	跳	参加	拉

1.（　　）小提琴　　2.（　　）社团　　3.（　　）表演

4.（　　）跳舞　　5.（　　）民族舞

三、词语分类　Word classification

一、用中文回答下列问题　Answer the questions in Chinese

Example:

What do you usually do on weekend?

我周末会跟朋友出去玩儿，有时候也会在家学习、看书。

1 What's your hobby?

_____

2 Do you like reading books? What kind of books do you like?

_____

3 What kind of sports do you like?

_____

二、把下列英文翻译成中文 Translate the following English into Chinese

My name is Xiaohong. I have many hobbies, such as singing, dancing and reading storybooks. I read books for an hour every day and *The Little Prince* is my favorite. I take part in my school dance team, with whom I practice dancing for one and a half hours every day. On weekend, I often go to gymnasium with my friends. We like playing tennis best and we can play it very well.

_____

_____

_____

_____

_____

中国古诗
Classical Chinese Poem

回乡偶书
huí xiāng ǒu shū

[唐] 贺知章
táng hè zhī zhāng

少小离家老大回，
shào xiǎo lí jiā lǎo dà huí

乡音无改鬓毛衰。
xiāng yīn wú gǎi bìn máo shuāi

儿童相见不相识，
ér tóng xiāng jiàn bù xiāng shí

笑问客从何处来。
xiào wèn kè cóng hé chù lái

在教师的指导下，背诵这首诗。
Recite this poem under the teacher's instruction.

第四单元
Unit 4

交际礼仪
Social Etiquette

第十课　你周末有空儿吗？
Lesson 10　Are You Free This Weekend?

 课文一　Text 1

小　　叶：喂，您好！

大枫妈妈：喂！你好，我是大枫妈妈，你是小叶吧？你妈妈在吗？

小　　叶：阿姨好，我妈妈在房间，您等一下，我叫她出来接电话。

大枫妈妈：好的，谢谢你！

小叶妈妈：喂！大枫妈妈好！

大枫妈妈：好久没见到你了，最近好吗？

小叶妈妈：挺好的，是有什么事吗？

大枫妈妈：这个周六中午有空儿吗？如果有空儿我们两家人就一起吃个饭吧。我家旁边新开了一家全羊馆，又好吃又便宜，天天客满。咱们去试试吧。

小叶妈妈：行啊！顾客多说明味道不错，重点是还便宜。我早就想吃中餐了，我最近正好想吃羊肉。

大枫妈妈：网站上有菜单，咱们可以先在网上点菜。

① 见到　jiàndào　see　　　② 有空儿　yǒu kòngr　be free

3	满	mǎn	full		8	重点	zhòngdiǎn	focus
4	咱们	zánmen	we (including both the speakers and the person/persons spoken to)		9	早就	zǎo jiù	long since
					10	中餐	zhōngcān	Chinese food
5	顾客	gùkè	customer		11	网站	wǎngzhàn	website
6	说明	shuōmíng	show, indicate		12	菜单	càidān	menu
7	味道	wèidào	taste		13	网	wǎng	the Internet

本课语法　Grammar in This Lesson

喂

- 喂，你好，我是大枫妈妈。
- 喂，请问王老师在吗？
- 喂，你听得清吗？

又……又……

- （这家全羊馆）又好吃又便宜。
- 这间房间又大又干净。
- 大枫的作业做得又快又好。
- 妹妹高兴得又唱又跳。

活动与练习　Activities and Exercises

一、写出下列汉字的笔顺　Write the stroke order of the following characters

空

| 便 | | | | | | | | | | | | | |

| 菜 | | | | | | | | | | | | | |

| 味 | | | | | | | | | | | | | |

| 明 | | | | | | | | | | | | | |

二、模仿例句，写下自己的句子
Write your own sentences following the example sentence

Example: zhè ge xī guā yòu dà yòu hǎo chī
这个西瓜又大又好吃。

1. _____ yòu 又 _____ yòu 又 _____ 。

2. _____ yòu 又 _____ yòu 又 _____ 。

3. _____ yòu 又 _____ yòu 又 _____ 。

三、对话排序 Rearrange the dialog

① qǐng děng yi děng wǒ qù jiào tā
请等一等，我去叫他。

② nín hǎo wáng xiān sheng zài jiā qǐng wèn nín shì nǎ yí wèi
您好！王先生在家，请问您是哪一位？

③ wèi　nín hǎo　qǐng wèn　wáng xiān sheng zài jiā ma
喂！您好！请问，王先生在家吗？

④ wǒ shì lǐ xiǎo míng　wǒ zhǎo wáng xiān sheng yǒu diǎnr shì
我是李小明。我找王先生有点儿事。

⑤ hǎo de　xiè xie
好的，谢谢！

The correct order is: _____

课文二　Text 2

同　　学：
wèi　nín hǎo　qǐng wèn dà fēng zài ma
喂！您好！请问大枫在吗？

大枫妈妈：
wèi　wǒ tīng bu qīng chu　kě yǐ dà diǎnr shēng ma
喂！我听不清楚，可以大点儿声吗？

同　　学：
qǐng wèn dà fēng zài ma
请问大枫在吗？

大枫妈妈：
tā bú zài　tā zài wài miàn shàng kè ne　qǐng wèn nǐ
他不在，他在外面上课呢。请问你
shì nǎ wèi
是哪位？

同　　学：
ā yí hǎo　wǒ xìng lín　wǒ shì dà fēng bān shang de
阿姨好，我姓林，我是大枫班上的
bān zhǎng　qǐng wèn tā shén me shí hou huí lai
班长。请问他什么时候回来？

大枫妈妈：
liǎng gè xiǎo shí hòu huí lai　nǐ yǒu shén me shì wǒ kě
两个小时后回来，你有什么事我可

以告诉他。

同　　学：好的，谢谢您！一共有两件事：1.明天老师要检查大家的笔记，让大枫明天带笔记本；2.大枫这个学期得了我们年级的好人好事奖，让他明天穿红色衣服来学校。

大枫妈妈：好的，没问题，谢谢你。还有其他事吗？

同　　学：没有了，谢谢您！

大枫妈妈：不客气，再见！

 词语学习　Word Learning

 识写

1 清楚	qīngchu	clear
2 班长	bānzhǎng	class monitor
3 检查	jiǎnchá	check
4 笔记本	bǐjìběn	notebook
5 笔记	bǐjì	note
6 学期	xuéqī	semester
7 得	dé	get, win
8 年级	niánjí	grade
9 好人	hǎorén	good person
10 好事	hǎoshì	good deed
11 红色	hóngsè	red
12 其他	qítā	other

活动与练习　Activities and Exercises

一、朗读练习 Reading aloud the dialog

A：你好！大生在家吗？

B：我就是。

A：大生，我是小明。你在干什么呢？

B：我在做作业呢。

A：我们一起去打篮球吧。

B：好，什么时候去？

A：下午四点，好吗？

B：kě yǐ 可以。wǒ men sì diǎn zài qiú chǎng shang jiàn 我们四点在球场上见！

A：hǎo yí huìr jiàn 好，一会儿见！

二、替换练习 Substitution drills

1
A：nǐ zài zuò shén me ne
你在做什么呢？
B：wǒ zài dǎ diàn huà ne
我在打电话呢。

xiū xi   shàng wǎng   kàn diàn shì
休息   上网   看电视
zuò gōng kè   kàn shū   gēn péng you chī fàn
做功课   看书   跟朋友吃饭

2
A：wèi qǐng wèn xiǎo zhōng zài ma
喂！请问小钟在吗？
B：wǒ jiù shì qǐng wèn nǐ shì nǎ wèi
我就是，请问你是哪位？

zài qǐng děng yí xià
在，请等一下。
duì bu qǐ tā bú zài nǐ yào bu yào liú yán
对不起，他不在，你要不要留言？
duì bu qǐ nǐ dǎ cuò le
对不起，你打错了。

三、交际任务 Communicative task

你给很久没见的好朋友打电话，用所学知识询问对方天气、最近的爱好等，把重要信息记录下来，然后和老师、同学们分享。

Make a call to a good friend whom you haven't seen for a long time. Use the knowledge you have learned to ask about the weather, his/her recent hobbies, etc. Write down the key information, and then share it with your teacher and classmates.

接 线 员：你好，119，352号接警员为您服务。

大枫爸爸：您好，这里有房子着火了。

接 线 员：请您说一下着火地点。

大枫爸爸：东方路99号。

接 线 员：房子里现在是什么情况？

大枫爸爸：火很大，同时到处都是黑烟，很可怕，有的住户全家人都在家里午睡呢。你们快点儿来吧！

接线员：好的，我们马上行动，消防车很快就到。

识写

1	服务	fúwù	serve	5	可怕	kěpà	horrible
2	东方	dōngfāng	east	6	午睡	wǔshuì	afternoon nap
3	同时	tóngshí	at the same time	7	行动	xíngdòng	action
4	黑	hēi	black				

识读

1	接警员	jiējǐngyuán	police officer who answers the phone
2	着火	zháo//huǒ	be on fire
3	烟	yān	smoke
4	消防车	xiāofángchē	fire engine

# 活动与练习 Activities and Exercises

一、词语搭配：选择合适的动词组成词组
Word collocation: Choose the appropriate verbs to form phrases

回　打　说　着　等
huí　dǎ　shuō　zháo　děng

1. （　）家　　2. （　）中文　　3. （　）一下
　　　jiā　　　　　　zhōng wén　　　　　　yí xià

4. （　）电话　5. （　）火
　　　diàn huà　　　　huǒ

二、情景对话 Situational dialogs

情景 1 Scenario 1

你有一个来自中国北京的朋友，你在电话中向他 / 她介绍你宿舍的情况。
You have a friend from Beijing, China. You told him/her about your dormitory on the phone.

提示 Tips
- 打招呼 Greetings
- 介绍宿舍的条件和设施 Introduce the conditions and facilities of the dormitory

词语和句子
Words, expressions, and sentences

请问是……吗？/ 住在哪儿？/ 房间大吗？/ 有电话吗？
qǐng wèn shì……ma　　zhù zài nǎr　　fáng jiān dà ma　　yǒu diàn huà ma

我就是……/ 住在宿舍。/ 房间不大。/ 有电话。
wǒ jiù shì……　　zhù zài sù shè　　fáng jiān bú dà　　yǒu diàn huà

情景 2 Scenario 2

你打电话要找的人不在，请留言。
The person you are calling is not in. Please leave a message.

提示 Tips

- 打招呼 Greetings
- 询问你朋友在哪里，给他留言，请他室友告诉他，你要邀请他吃午餐，并和他聊一下学习情况
  Ask where your friend is, leave him a message, and tell his roommate that you want to invite him to lunch and talk to him about his study.

词语和句子
Words, expressions, and sentences

qǐng wèn　　　zài ma
请问……在吗？

shén me shí hou huí lai
什么时候回来？

xiè xie
谢谢！

duì bu qǐ　　tā　tā bú zài
对不起，他/她不在。

yào bu yào gěi tā　tā liú yán
要不要给他/她留言？

bú kè qi
不客气。

课文四 Text 4

　　　　　　nín hǎo　zhè lǐ shì　　　 qǐng jiǎng
接线员：您好，这里是120，请讲！

　　　　　　　nín hǎo　wǒ men zhè lǐ gāng fā shēng le jiāo tōng shì
大枫爸爸：您好，我们这里刚发生了交通事
　　　　　gù　　yǒu rén shòu shāng le
　　　　　故，有人受伤了。

　　　　　qǐng nín shuō yí xià shāng zhě qíng kuàng
接线员：请您说一下伤者情况。

大枫爸爸：伤者是一位老先生。他有七十多岁吧，头、眼睛和腿都受伤了，一直喊疼，但他能说出自己的姓名。

接线员：请您说一下事故地点。

大枫爸爸：北方路22号门前，现在车都停在这儿，道路不通。

接线员：好的，我们马上过来，救护车十分钟后到。

词语学习 Word Learning

识写

1. 交通 jiāotōng traffic
2. 位 wèi a measure word
3. 腿 tuǐ leg
4. 疼 téng painful, aching
5. 姓名 xìngmíng name
6. 北方 běifāng north
7. 停 tíng park (a car)
8. 道路 dàolù way, road
9. 通 tōng passable
10. 过来 guòlai come over

识读

1. 发生 fāshēng occur
2. 事故 shìgù accident
3. 受伤 shòu//shāng get injured

本课语法 Grammar in This Lesson

刚 / 刚刚
- 这里刚发生了交通事故。
- 我刚刚从学校回到家。
- 大枫刚吃完饭就开始做作业。
- 妈妈刚回到家，正准备做饭呢。

有 / 没有
- 老先生有七十多岁。
- 小叶有一米六高。
- 今天有三十五度呢。
- 老师没有五十岁呢。

第四单元　交际礼仪

 活动与练习　Activities and Exercises

一、模仿例句，写下自己的句子
　　Write your own sentences following the example sentences

1. wǒ gāng fàng xué　zhèng zhǔn bèi qù dǎ lán qiú ne
　我 刚 放学， 正 准备去打篮球呢。

　　gāng
　　刚
_____　_____。

2. zhāng lǎo shī yǒu sān shí suì le
　张 老师 有 三十岁 了。

　　yǒu
　　有
_____　_____。

二、双人活动 Pair work

两人一组，根据实际情况进行问答练习
Work in pairs and ask and answer questions according to the actual situations

1. A：……在哪儿？

　 B：……在……

2. A：……在哪儿工作？

　 B：……在……工作。他/她是……

第十一课　没想到能在这儿碰到你
Lesson 11　I Didn't Expect to Meet You Here

课文一　Text 1

朋　　友：这么巧，今天在这儿碰见你！

大枫爸爸：是呀，真没想到能在这儿碰到你！

朋　　友：我们多久没有见面了？

大枫爸爸：那还是我在北京的时候，已经五年多了吧！后来一直也没机会见面。

朋　　友：时间过得真快！大枫长大了不少，都变成大孩子了！

大枫爸爸：是呀，他当时还很小，现在个子是长了不少。你还在北京吗？

朋　　友：我还在北京，那时我还在实习，现在都有孩子了。

大枫爸爸：太好了，不久后我就要去北京，到时一定去看看你们一家。

朋　　友：好，一定来啊，我们北京见！

词语学习　Word Learning

识写

1	碰见	pèng//jiàn	meet, come across	5	长大	zhǎngdà	grow up
2	多久	duōjiǔ	how long	6	当时	dāngshí	that time
3	后来	hòulái	later	7	个子	gèzi	height, stature
4	变成	biànchéng	turn into	8	长	zhǎng	grow

128

9 那时　nà shí　(at) that time

11 就要　jiùyào　be about to

10 实习　shíxí　internship

识读

巧　qiǎo　coincidental

本课语法　Grammar in This Lesson

多久

· 我们多久没见面了？
· 这本书你看了多久了啊？
· 弟弟睡了多久？
· 大枫多久去一次图书馆？

一定

· 不久后我就要去北京，到时一定去看看你们一家。
· 大枫一定知道这件事。
· 你一定要尝一尝这道菜。

活动与练习　Activities and Exercises

一、模仿例句，写下自己的句子
Write your own sentences following the example sentences

Example:　dà fēng　nǐ yǒu duō jiǔ méi yǒu huí fǎ guó le
　　　　　大枫，你有多久没有回法国了？

1. _____ duō jiǔ 多久 _____ ？

2. _____ duō jiǔ 多久 _____ ？

第四单元 交际礼仪

 Example:

<u>老师</u>，<u>我</u><u>明天</u><u>一定</u><u>不迟到了</u>。
lǎo shī   wǒ míng tiān yí dìng bù chí dào le

1. _____ 一定(yí dìng) _____。

2. _____ 一定(yí dìng) _____。

二、礼貌儿歌 A nursery rhyme about politeness

同学们(tóng xué men)，应知道(yīng zhī dào)，礼貌用语要记牢(lǐ mào yòng yǔ yào jì láo)。对话大人要用(duì huà dà ren yào yòng)"您(nín)"，早上见面说声(zǎo shang jiàn miàn shuō shēng)"早(zǎo)"，平时互相问声(píng shí hù xiāng wèn shēng)"好(hǎo)"，走时(zǒu shí)"再见(zài jiàn)"别忘了(bié wàng le)。如求人(rú qiú rén)，"请(qǐng)"字先(zì xiān)，事成别忘说(shì chéng bié wàng shuō)"谢谢(xiè xie)"。打扰别人(dǎ rǎo bié ren)说(shuō)"对不起(duì bu qǐ)"，回答就说(huí dá jiù shuō)"没关系(méi guān xi)"。

三、见面问候礼仪 Greeting etiquette

在中国：

1. 在正式的交往场合，特别是在初次见面的场合，可以说"您好""大家好""早上好"等。在非正式的场合，熟悉的人之间，可以说"最近过得怎么样""忙什么呢""您去哪里"等。

2. 向他人问候时，要表现得热情、友好、大方，说话时看着对方的眼睛。

在你的国家，人们见面问候有哪些礼仪呢？请写下来。
What is the etiquette for people to greet each other in your country? Please write it down.

_____

_____

_____

_____

_____

课文二 Text 2

小叶：这个周末，我和父母要去朋友家。这是我第一次去中国朋友家吃午餐。请问老师，到中国人家里吃饭要注意什么？

老师：吃饭前不要动筷子，吃饭时不要弄出很响的声音，当嘴里有食物时不要说话，更不要用筷子指着别人，这些行为都不对。

小叶：那我是不是一直都不能讲话啊？

老师：不是，你也不要只是自己吃，可以和主人说说话，例如说说笑话儿，吃完饭后记得表示感谢。

小叶：好的，谢谢老师。

 词语学习　Word Learning

识写

1 午餐	wǔcān	lunch	
2 筷子	kuàizi	chopsticks	
3 弄	nòng	make	
4 响	xiǎng	loud	
5 声音	shēngyīn	sound	
6 嘴	zuǐ	mouth	
7 食物	shíwù	food	
8 行为	xíngwéi	behavior	
9 讲话	jiǎng//huà	speak	
10 主人	zhǔrén	host	
11 例如	lìrú	for example	
12 笑话儿	xiàohuàr	joke	
13 表示	biǎoshì	express, show	

识读

注意	zhù//yì	pay attention to

第四单元　交际礼仪

 本课语法　Grammar in This Lesson

是不是

- 我是不是一直都不能讲话啊？
- 你是不是有很多朋友？
- 姐姐是不是很漂亮？
- 我们明天去海边玩儿，是不是？

 活动与练习　Activities and Exercises

一、写出下列汉字的笔顺 Write the stroke order of the following characters

弄

主

客

行

声

二、请用"是不是"把下列句子改成疑问句 Please use "是不是" to change the following sentences into interrogative sentences

Example:
dà fēng shì fǎ guó rén
大枫是法国人。→
dà fēng shì bu shì fǎ guó rén
大枫是不是法国人?

xiǎo yè yǒu hěn duō ài hào
1. 小叶有很多爱好。 _____

dà wèi de mā ma shì hù shi
2. 大卫的妈妈是护士。 _____

tā lái zì yīng guó
3. 他来自英国。 _____

三、讨论下列问题,并在班级做汇报
Discuss the following questions and report to the class

1
xué xí zhōng guó de lǐ yí zhī shi hòu, qǐng shuō yi shuō qù zhōng guó rén jiā li zuò
学习中国的礼仪知识后,请说一说去中国人家里做
kè yào zhù yì nǎ xiē lǐ yí
客要注意哪些礼仪。

After learning China's etiquette knowledge, talk about the etiquette to be observed when visiting a Chinese family.

2
zài nǐ de guó jiā, qù bié rén jiā li zuò kè yǒu nǎ xiē lǐ yí
在你的国家,去别人家里做客有哪些礼仪?

What are the etiquette for visiting other people's homes in your country?

3
duì bǐ zhōng guó hé nǐ men guó jiā de zuò kè lǐ yí, hé tóng xué jiāo liú yí xià
对比中国和你们国家的做客礼仪,和同学交流一下。

Compare the guest etiquette between China and your country, and communicate with your classmates.

课文三 Text 3

小叶：老师，快要到我中国好朋友的生日了，我是不是要送点儿礼物什么的啊？

老师：送礼物是表示心意，可以啊！

小叶：我是不是要送很贵的礼物呢？

老师：关于送礼，中国人有句话叫作"礼轻情意重"。

小叶：这句话是什么意思？

老师：就是说，虽然礼物不贵，但是情意深厚。

小叶：原来是这个意思，那我就送她一份自己做的小礼物和生日卡吧！

老师：这个做法是对的，心意更重要。你的朋友收到礼物一定会很感动的，以后看到这份礼物就会想起你。

识写

1. 快要 kuàiyào be about to
2. 礼物 lǐwù gift, present
3. 叫作 jiàozuò be known as
4. 轻 qīng light, of no significance
5. 原来 yuánlái as it turns out to be
6. 份 fèn a measure word
7. 卡 kǎ card
8. 做法 zuòfǎ way of doing sth.
9. 重要 zhòngyào important
10. 收到 shōudào receive
11. 感动 gǎndòng moved
12. 想起 xiǎngqǐ think of

识读

1. 情意 qíngyì love and affection
2. 心意 xīnyì kindly feelings, regards
3. 深厚 shēnhòu profound

第四单元 交际礼仪

本课语法　Grammar in This Lesson

什么的

- 我是不是要送点儿礼物**什么的**啊？
- 我刚才去超市买了点儿面包**什么的**。
- 老师告诉我们考试前要多做点儿练习**什么的**。

虽然……但是……

- 就是说，**虽然**礼物不贵，**但是**情意深厚。
- 你**虽然**喜欢吃快餐，**但是**不能天天吃。
- 奶奶**虽然**年纪大了，**但是**她走路还是走得很快。

活动与练习　Activities and Exercises

一、模仿例句，写下自己的句子
Write your own sentences following the example sentences

Example:
wǒ shì bu shì yào sòng diǎnr lǐ wù shén me de
我是不是要送点儿礼物什么的？

1. _____ shén me de
   什么的？

2. _____ shén me de
   什么的。

Example:
suī rán tā shì yīng guó rén　dàn shì tā de zhōng wén shuō de hěn hǎo
虽然他是英国人，但是他的中文说得很好。

1. suī rán　　　　　　　　　　dàn shì
   虽然_____，但是_____。

2. suī rán　　　　　　　　　　dàn shì
   虽然_____，但是_____。

138

二、词语搭配：选择合适的动词填空
Word collocation: Fill in the blanks with the appropriate verbs chosen

| guò | sòng | zuò | mǎi | biǎo shì |
| 过 | 送 | 做 | 买 | 表示 |

1. （   ）生日 shēng rì　　2. （   ）心意 xīn yì　　3. （   ）礼物 lǐ wù

4. （   ）客 kè　　5. （   ）东西 dōng xi

三、交际练习 Communication practice

小华是你来中国后认识的第一个朋友。他的生日快到了，请为他制作一张卡片。
内容包括：1. 感谢他对你的帮助；2. 祝他生日快乐。
Xiaohua is the first friend you met after you came to China. His birthday is coming. Please make him a card, which includes: 1. Thank him for his help; 2. Wish him a happy birthday.

第十二课　岁岁平安
Lesson 12　Safe and Sound All Year Round

课文一　Text 1

春节是中国最重要的节日，过春节也叫过年。过年时，中国人喜欢贴"福"字，街上到处都可以看见红色。有人会把"福"字倒着贴，表示"福到了"。春节时，一家人会聚

在一起吃饭，但是中国北方和南方过年吃的食物有点儿不一样。北方一般会吃饺子，南方的一些地方因为靠海，一般会吃鱼。还有，过年这段时间要多说、多用"吉祥"的词，例如"美""多""好""发"等，不要说"病""死""完了"这些不好的话。如果不小心打碎东西了，就要说"碎碎平安"。因为"碎"和"岁"的读音一样，"岁"表示年，"岁岁平安"就是每一年都平安的意思。

词语学习　Word Learning

识写

1	春节	Chūnjié	the Spring Festival
2	节日	jiérì	festival
3	倒	dào	upside down
4	南方	nánfāng	south China
5	靠	kào	near, beside
6	段	duàn	period
7	东西	dōngxi	thing, stuff
8	平安	píng'ān	safe and sound
9	读音	dúyīn	pronunciation

第四单元　交际礼仪

 识读

1. 贴　tiē　　paste
2. 福　fú　　good fortune
3. 把　bǎ　　used to put the object before the verb
4. 碎　suì　　break to pieces
5. 吉祥　jíxiáng　　auspicious

 活动与练习　Activities and Exercises

一、写出下列汉字的笔顺 Write the stroke order of the following characters

坏

东

西

南

北

二、排列句子 Rearrange the words/phrases to form sentences

 Example:

jiào míng zi nǐ shén me
叫　名字　你　什么 ？

nǐ jiào shén me míng zi
你叫什么名字？

1. <ruby>最<rt>zuì</rt></ruby> <ruby>的<rt>de</rt></ruby> <ruby>是<rt>shì</rt></ruby> <ruby>春节<rt>chūn jié</rt></ruby> <ruby>重要<rt>zhòng yào</rt></ruby> <ruby>中国<rt>zhōng guó</rt></ruby> <ruby>节日<rt>jié rì</rt></ruby> 。

_____

2. <ruby>有一些<rt>yǒu yì xiē</rt></ruby> <ruby>春节期间<rt>chūn jié qī jiān</rt></ruby>，<ruby>说<rt>shuō</rt></ruby> <ruby>不能<rt>bù néng</rt></ruby> <ruby>话<rt>huà</rt></ruby> 。

_____

3. <ruby>到处<rt>dào chù</rt></ruby> <ruby>过年时<rt>guò nián shí</rt></ruby> <ruby>可以<rt>kě yǐ</rt></ruby> <ruby>红色<rt>hóng sè</rt></ruby> <ruby>都<rt>dōu</rt></ruby> <ruby>看见<rt>kàn jiàn</rt></ruby> <ruby>街上<rt>jiē shang</rt></ruby> 。

_____

三、交际练习 Communication practice

你们国家最重要的节日是什么？在这个节日，你们会做些什么？请和老师、同学们交流一下，并把重要的对话记录下来。

What is the most important festival in your country? What do you do on this festival? Please communicate with your teacher and classmates, and record the main points of the conversations.

_____

_____

_____

_____

_____

课文二 Text 2

中国的清明节在每年4月5日左右，全国放一天假。家人会一起外出扫墓，纪念已经离开的亲人。扫墓时人们一般会带去一些花、亲人在世时爱吃的食物，希望天上的亲人可以收到这些食物和花，知道家人还记得他们。

清明节的时候，正好是春天，草绿了，花开了，人们在扫墓之外，也会进行一些活动，

最常见的活动是爬山、放风筝。有人说,风筝飞得高高的,可以把家人的思念带给天上的亲人,就好像他们从来没有分开过一样。

词语学习　Word Learning

识写

1	节	jié	festival
2	假	jià	holiday
3	纪念	jìniàn	commemorate
4	离开	lí//kāi	leave
5	天上	tiānshàng	heaven
6	草	cǎo	grass
7	绿	lǜ	green
8	活动	huódòng	activity
9	常见	cháng jiàn	common
10	爬山	pá shān	mountain-climbing
11	那样	nàyàng	so
12	思念	sīniàn	miss, think of
13	分开	fēn//kāi	separate

识读

1. 扫墓　sǎo//mù　visit a grave, pay respects to sb. at his tomb
2. 亲人　qīnrén　relative
3. 希望　xīwàng　hope
4. 风筝　fēngzheng　kite

第四单元　交际礼仪

本课语法　Grammar in This Lesson

连动句

- 家人会一起外出扫墓。
- 大枫去学校上学。
- 妈妈去医院看病。

活动与练习　Activities and Exercises

一、词语搭配：选择合适的动词填空
Word collocation: Fill in the blanks with the appropriate verbs chosen

tiē	guò	shuō	sòng	fàng
贴	过	说	送	放

1.（　　）风筝（fēng zheng）　　2.（　　）好话（hǎo huà）　　3.（　　）春节（chūn jié）

4.（　　）花（huā）　　5.（　　）"福"字（fú zì）

二、读短文，选择正确的答案 Read the passage and choose the correct answers

我是艾力，我在中国过过四个传统节日，分别是春节、清明节、端午节和中秋节。我知道每一个节日都有不同的传统美食。比如，春节要吃饺子，清明节要吃青团，端午节要吃粽子，中秋节要吃月饼。我最喜欢的就是中秋节了，因为我爱吃月饼。月饼圆圆的，也代表一家人团团圆圆。

岁岁平安 **12**

参考词语 Words for Reference

duān wǔ jié
端午节：Dragon Boat Festival

zhōng qiū jié
中秋节：Mid-Autumn Festival

měi shí
美食：delicious food

qīng tuán
青团：sweet green rice ball

zòng zi
粽子：*zongzi*, traditional Chinese rice-pudding

yuè bing
月饼：mooncake

yuán
圆：circle

tuán tuán yuán yuán
团团圆圆：family reunion

ài lì zài zhōng guó guò guo jǐ gè chuán tǒng jié rì
1. 艾力在中国过过几个传统节日？（ ）

    gè   gè   gè
   A. 7个　　　　　B. 4个　　　　　C. 5个

qīng míng jié yào chī shén me
2. 清明节要吃什么？（ ）

   qīng tuán   zòng zi   miàn bāo
   A. 青团　　　　　B. 粽子　　　　　C. 面包

nǎ ge jié rì yào chī yuè bing
3. 哪个节日要吃月饼？（ ）

   duān wǔ jié   chūn jié   zhōng qiū jié
   A. 端午节　　　　B. 春节　　　　　C. 中秋节

yuè bing yuán yuán de dài biǎo shén me
4. 月饼圆圆的，代表什么？（ ）

   yì jiā rén tuán tuán yuán yuán   yuè liang hěn dà
   A. 一家人团团圆圆　　　　　B. 月亮很大

   yuè bing hěn hǎo chī
   C. 月饼很好吃

yǐ xià nǎ ge shì zhèng què de
5. 以下哪个是正确的？（ ）

   duān wǔ jié bú shì zhōng guó de chuán tǒng jié rì
   A. 端午节不是中国的传统节日

   zòng zi shì zhōng qiū jié de chuán tǒng měi shí
   B. 粽子是中秋节的传统美食

   ài lì zuì xǐ huan de shì zhōng qiū jié
   C. 艾力最喜欢的是中秋节

147

三、交际练习 Communication practice

你最喜欢中国的哪个传统节日？为什么？和老师，同学们交流一下，并把重要信息记录下来。Which traditional Chinese festival do you like best? Why? Communicate with your teacher and classmates and record the key information.

_____

_____

_____

_____

课文三　Text 3

清明

[唐] 杜牧

清明时节雨纷纷，
路上行人欲断魂。
借问酒家何处有，
牧童遥指杏花村。

第四单元 交际礼仪

译文：

清明节，天上下着小雨，路上的行人难过极了，没有精神。（我）见到放牛的小孩儿，问他哪里有卖酒的地方。小孩儿没有说话，用手指向了远处的杏花村。

词语学习　Word Learning

 识写

1. 难过　nánguò　sad
2. 极　jí　extremely

 **识读**

1. 精神　jīngshen　spirit
2. 指　zhǐ　point

本课语法　Grammar in This Lesson

……极了

- 行人难过极了。
- 他走得慢极了。
- 今天热极了。
- 外面的雨大极了。

活动与练习 Activities and Exercises

一、请用"……极了"造句 Make sentences with "……极了"

1. _____。

2. _____。

3. _____。

二、选择正确的词填空 Choose the correct words and fill in the blanks

zài 在   zài 再

1. duì bu qǐ   tā xiàn zài bú   jiā
   对不起，他现在不（　　）家。

2. nǐ míng tiān   gěi tā dǎ diàn huà ba
   你明天（　　）给他打电话吧。

3. xiè xie nǐ   jiàn
   谢谢你，（　　）见！

4. guān yú chūn jié de lǐ yí   wǒ míng tiān   gào su nǐ
   关于春节的礼仪，我明天（　　）告诉你。

5. tā bú   běi jīng le   tā yǐ jīng huí shēn zhèn le
   他不（　　）北京了，他已经回深圳了。

三、读短文，选择正确的答案 Read the passage and choose the correct answers

中国有很多节日，每个节日都有不同的习俗。中国的新年又称春节，是中国最重要的节日。传统春节有十五天，最后一天是元宵节。元宵节有很多习俗：吃元宵或者汤圆、看花灯、猜灯谜等等。过了元宵节，才算过完了春节。

参考词语 Words for Reference

习俗 (xí sú)：custom

传统 (chuán tǒng)：traditional

元宵节 (yuán xiāo jié)：Lantern Festival

汤圆 (tāng yuán)：sticky rice dumpling

花灯 (huā dēng)：lantern

灯谜 (dēng mí)：lantern riddle

1. 传统春节有几天？（　　）

   A. 十四天　　　B. 十五天　　　C. 十六天

2. 元宵节在春节的第几天？（　　）

   A. 第一天　　　B. 第五天　　　C. 第十五天

3. 元宵节要吃什么？（　　）

   A. 汤圆　　　　B. 饺子　　　　C. 月饼

4. 哪一个不是元宵节的习俗？（　　）

   A. 看花灯　　　B. 赏花　　　　C. 猜灯谜

5. 以下哪个是正确的？（　　）

   A. 先过元宵节，再过春节

   B. 元宵节不是中国的节日

   C. 过了元宵节，才算过完了春节

译一译 Translation

一、英汉互译 English-Chinese translation

1. He called me tonight and asked if I'll be free tomorrow.

   _____

2. 那辆车着火了。

   _____

3. There was an accident on 99 East Road.

   _____

4. 我睡觉的时候妈妈正在做饭。

   _____

二、翻译下列对话 Translate the following dialog

Tom: This is Tom speaking. Who is that calling?

Lisa: Hi, Tom. This is Lisa.

Tom: Hi, Lisa. What are you calling for?

Lisa: The Spring Festival is coming. I told my parents that I want to invite you to celebrate the Spring Festival with us.

Tom: Ah! I am happy to hear that.

Lisa: Have you ever celebrated a Chinese festival in China?

Tom: No, I haven't. But I am interested in it.

Lisa: You'll like it if you come.

Tom: Thanks for inviting me. See you on Spring Festival.

中国古诗
Classical Chinese Poem

游子吟

[唐] 孟郊

慈母手中线，游子身上衣。
临行密密缝，意恐迟迟归。
谁言寸草心，报得三春晖。

在教师的指导下，背诵这首诗。
Recite this poem under the teacher's instruction.

第五单元
Unit 5

zhù fáng huán jìng
住房环境
Housing Environment

第十三课　欢迎来我家
Lesson 13　Welcome to My Home

 课文一　Text 1

我家的房子有上下两层。我的爸爸、妈妈住在楼上，楼上一共有三间卧室、一间书房和两间浴室。我住在楼下，楼下有两间卧室、一间客厅、一间厨房和一间浴室。房子外面有一个花园，爸爸在花园里种了各种花草树

木，他差不多每天都会在花园的椅子上看报纸。花园里还有一个小池子，走进花园就能看见，里面养了很多鱼。我家还养了一条狗和一只猫，我喜欢和它们玩儿。虽然它们有时候也会故意弄坏东西，但还是给我们带来了很多快乐。欢迎大家来参观我的家。

词语学习 Word Learning

识写

1. 层 céng — a measure word for storeys
2. 花园 huāyuán — garden
3. 椅子 yǐzi — chair
4. 报纸 bàozhǐ — newspaper
5. 走进 zǒujìn — walk into
6. 养 yǎng — raise, keep
7. 狗 gǒu — dog
8. 猫 māo — cat
9. 它 tā — it
10. 它们 tāmen — they
11. 故意 gùyì — on purpose
12. 带来 dàilái — bring
13. 参观 cānguān — visit

第五单元 住房环境

识读

1	卧室	wòshì	bedroom	4	客厅	kètīng	living room
2	书房	shūfáng	room used for reading and writing	5	厨房	chúfáng	kitchen
3	浴室	yùshì	bathroom	6	池子	chízi	pool

本课语法　Grammar in This Lesson

故意

- 有时候它们也会故意弄坏东西。
- 我不是故意弄坏电脑的。
- 说话的时候，我故意提高声音，这样所有人都能听见。

活动与练习　Activities and Exercises

一、用汉语说一说 Talk about in Chinese

shā fā
沙发

yǐ zi
椅子

shū jià
书架

bēi zi
杯子

158

yá shuā	kā fēi zhuō	diàn shì jī	xiàng kuàng
牙刷	咖啡桌	电视机	相框

二、用方位词描述图画 Describe the picture using the words of locality

Example:

píng guǒ zài zhuō zi shang
苹果在桌子上。

三、用下列词语为"我"设计一个房子
Design a house for "me" with the following words

两间卧室 (liǎng jiān wò shì)　　一个客房 (yí gè kè fáng)

三个洗手间 (sān gè xǐ shǒu jiān)　　一个书房 (yí gè shū fáng)

一个浴室 (yí gè yù shì)　　一个客厅，一个餐厅 (yí gè kè tīng, yí gè cān tīng)

一个正门，一个后门 (yí gè zhèng mén, yí gè hòu mén)

Example:
这是我家的房子。我家的房子有两层。(zhè shì wǒ jiā de fáng zi. wǒ jiā de fáng zi yǒu liǎng céng.)
我家有一个正门和一个后门。楼上有…… (wǒ jiā yǒu yí gè zhèng mén hé yí gè hòu mén. lóu shàng yǒu……)

四、询问你的同学 Ask your classmate the following questions

你家的房子有几层？(nǐ jiā de fáng zi yǒu jǐ céng?)

你家有几间卧室？(nǐ jiā yǒu jǐ jiān wò shì?)

客厅在几楼？(kè tīng zài jǐ lóu?)

厨房在楼上还是楼下？(chú fáng zài lóu shàng hái shì lóu xià?)

你家有书房吗？(nǐ jiā yǒu shū fáng ma?)

你的卧室在几楼？(nǐ de wò shì zài jǐ lóu?)

你爸爸、妈妈的卧室大，还是你的卧室大？(nǐ bà ba, mā ma de wò shì dà, hái shi nǐ de wò shì dà?)

课文二 Text 2

大枫：我很想回到我在法国的家。出国以前，我们和外公、外婆一直住在一套大房子里，那也是妈妈小时候的家。

小叶：快给我说说你家的样子，我很想知道法国的住房是什么样的。

大枫：你看这张照片，房子一共有三层，房前有一个大大的车库，房后有一个漂亮的花园。

小叶：哇！住在那里一定很舒服！你的房间在几楼？

大枫：我的外公、外婆住在一楼，这样老人活动更方便；爸爸、妈妈住在二楼，方便照顾老人和孩子；我和弟弟住在三楼，学习时更安静。

小叶：那你什么时候回去？

大枫：妈妈说这个假期会带我们回法国。我已经一年没有回国见外公和外婆了，所以特别想他们。

小叶：我也是，前年和去年我们都没回去，所以这个暑假我们一定会回英国看爷爷和奶奶。奶奶会做饭给我们吃，好久没吃奶奶做的西餐了。

词语学习 Word Learning

识写

1. 回 huí return
2. 出国 chū//guó go abroad
3. 套 tào a measure word for sets/series of things
4. 小时候 xiǎoshíhou childhood
5. 住房 zhùfáng housing
6. 照片 zhàopiàn photo
7. 方便 fāngbiàn convenient
8. 安静 ānjìng quiet
9. 回国 huí guó return to one's country
10. 前年 qiánnián the year before last
11. 做饭 zuò fàn do the cooking
12. 西餐 xīcān Western food

识读

车库 chēkù garage

本课语法 Grammar in This Lesson

……以前 / 以后 / 前 / 后

- 出国以前，我们和外公、外婆一直住在一套大房子里。
- 来中国以前，大枫只会说一点儿中文。
- 吃完晚饭以后，我和弟弟会去花园玩儿。
- 你记得睡觉前喝一杯牛奶。
- 妈妈太累了，她回家后就进卧室休息了。

第五单元　住房环境

活动与练习　Activities and Exercises

一、看图说话 Talk about the pictures

- shàng miàn　上　面
- xià miàn　下　面
- zuǒ miàn　左　面
- yòu miàn　右　面
- lǐ miàn　里　面
- wài miàn　外　面
- qián miàn　前　面
- hòu miàn　后　面

shū zài zhuō zi shàng miàn
书在桌子上面。

yī fu zài
衣服在……

chē zài
车在……

shù zài
树在……

huā yuán zài
花园在……

xiǎo māo zài
小猫在……

二、为一家五口设计一个度假小屋，并准备一个宣传小册子，里面包括以下内容：
Design a house for a family of five at a holiday cottage. Prepare a pamphlet which includes:

- 小屋的设施 the facilities of the cottage
- 每晚的价钱 the price for each night
- 联系人电话和电子邮件 the contact person's telephone number and email address
- 网址 the website

三、双人活动 Pairs work

来到中国之后，你的生活有哪些变化？请和同学说一说。交流过程中需要用到"在……以前 / 以后 / 前 / 后"。
What changes have taken place in your life after coming to China? Talk to your classmates and use "在……以前 / 以后 / 前 / 后" in your communication.

第十四课 这是我的房间
Lesson 14　This Is My Room

课文一　Text 1

wǒ men jiā de kè tīng bú suàn dà　dàn shì gān jìng　míng liàng
我们家的客厅不算大，但是干净、明亮。
kè tīng li yǒu yí gè sān rén shā fā　yì zhāng zhuō zi hé yì tái diàn
客厅里有一个三人沙发、一张桌子和一台电
shì　wǒ men jiā de chú fáng bú dà yě bù xiǎo　lǐ miàn fàng zhe bīng
视。我们家的厨房不大也不小，里面放着冰
xiāng　kǎo xiāng děng　měi tiān zǎo chen mā ma huì gěi wǒ men zuò zǎo cān
箱、烤箱等。每天早晨妈妈会给我们做早餐，
rán hòu jiào wǒ men qǐ chuáng　dà ren men yì bān hē kā fēi　bà ba
然后叫我们起床。大人们一般喝咖啡，爸爸、
mā ma ài chī miàn bāo hé bāo zi　nǎi nai píng cháng chī miàn tiáor jiā
妈妈爱吃面包和包子，奶奶平常吃面条儿加

蛋。我和妹妹喝牛奶，吃面包。吃饱后，爸爸穿上大衣就出发去办公室；妈妈会叫一辆出租车送我和妹妹去学校；奶奶多数时间会先在家看日报，然后去公园走走。

词语学习　Word Learning

识写

1	早晨	zǎochen	morning
2	早餐	zǎocān	breakfast
3	大人	dàren	adult
4	面条儿	miàntiáor	noodles
5	蛋	dàn	egg
6	饱	bǎo	having eaten one's fill
7	大衣	dàyī	coat
8	出发	chūfā	leave for
9	办公室	bàngōngshì	office
10	出租车	chūzūchē	taxi
11	多数	duōshù	most
12	日报	rìbào	daily (newspaper)
13	公园	gōngyuán	park

识读

1	沙发	shāfā	sofa
2	冰箱	bīngxiāng	refrigerator
3	烤箱	kǎoxiāng	oven
4	咖啡	kāfēi	coffee

第五单元 住房环境

 活动与练习 Activities and Exercises

一、写出下列物品的名称 Write the name of the following items

diàn huà
电 话
_____ _____ _____ _____

 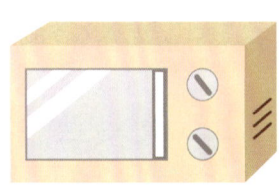  

_____ _____ _____ _____

_____ _____ _____ _____

二、用汉语说一说 Talk about them in Chinese

dān rén chuáng
单 人 床

shuāng rén chuáng
双 人 床

cān zhuō
餐 桌

yǐ zi
椅 子

xié jià
鞋 架

shū jià
书 架

shū guì
书 柜

sān rén shā fā
三 人 沙 发

三、看图说话 Talk about the pictures

Example:

zhè shì wǒ de jiā　wǒ de wò shì zài sān lóu
这是我的家，我的卧室在三楼……

课文二　Text 2

大枫：放学后你去哪里？

同学：我回家。

大枫：你住在什么地方？

同学：我就住在学校旁边，欢迎你有空儿来我家玩儿。

大枫：好呀，这个周末方便吗？

同学：周六我有空儿，正好我家楼下开了新的快餐店，我们一起去吃，我请客。

大枫：好啊！我可以坐地铁也可以坐公交车，地铁快，我坐地铁去吧。

同学：那我直接去地铁站接你，你

kuài dào le gěi wǒ fā duǎn xìn   jì de cóng   chū kǒu chū
快到了给我发短信，记得从C出口出
lai jiē dào nǐ hòu wǒ xiān dài nǐ qù chī dōng xi
来，接到你后我先带你去吃东西。

　　　fàng xīn ba zhōu mò jiàn
大枫：放心吧！周末见！

词语学习　Word Learning

 识写

1 边	biān	side
2 旁边	pángbiān	beside
3 快餐	kuàicān	fast food
4 请客	qǐng//kè	play the host
5 地铁	dìtiě	subway
6 地铁站	dìtiězhàn	subway station
7 发	fā	send
8 短信	duǎnxìn	text message
9 出口	chūkǒu	exit
10 接到	jiēdào	pick up

活动与练习　Activities and Exercises

一、完成对话 Complete the dialogs

　　　huān yíng nǐ dào wǒ men jiā lái
1. A：欢迎你到我们家来。

   B：_____。

　　　huān yíng nǐ yǒu kòngr lái wǒ jiā wánr
2. A：欢迎你有空儿来我家玩儿。

   B：_____。

171

二、完成句子 Complete the sentences

A 这里的生活很方便。

B 我住在一层。

C 我每天都在花园里和小狗玩儿。

D 那里的空气很新鲜。

E 书架上放着好多书。

1. 我的爷爷、奶奶家在郊外，_____。

2. 我家有上下两层，_____。

3. 我的房间里有一个书架，_____。

4. 我刚搬到这个社区来，_____。

5. 我家里还养了一条狗，_____。

三、讨论 Discussion

1. 如果你的中国朋友说"欢迎你有空儿来我家玩儿"，你怎么回答？

2. 你想请一个中国朋友去你家玩儿，你怎么说？

同学：这是我的房间。

大枫：你的房间好大啊！书架上还放着这么多书。

同学：这些书都是爸爸给我买的，爸爸认为读书有很多好处，让我从小就多读书。我到现在已经读过好多书了。

大枫：如果有不认识的字怎么办？

同学：我查词典，或者直接喊爸爸过来教我，

然后记在笔记本上,再多练习几遍就记住了。这些书我差不多都读完了,现在只有少数生词不认识了。

大枫:一边读书一边学中文,那你的中文水平也会很快提高的。

同学:对。我长大了想做商人,读书不但可以提高我的语言水平,还可以教会我很多道理,让我从不同角度想问题。

词语学习　　Word Learning

识写

1. 好处　hǎochù　advantage
2. 好多　hǎoduō　a great many
3. 怎么办　zěnme bàn　what to do
4. 词典　cídiǎn　dictionary
5. 喊　hǎn　call
6. 少数　shǎoshù　a small number of
7. 生词　shēngcí　new word
8. 商人　shāngrén　merchant
9. 道理　dàolǐ　principle, truth
10. 角度　jiǎodù　angle

 **识读**

🍎 书架　　shūjià　　bookshelf

本课语法　Grammar in This Lesson

着
- 书架上还放着这么多书。
- 桌子上放着一个杯子。
- 教室里坐着好多学生。
- 笔记本上写着一行字。

差不多
- 这些书我差不多都读完了。
- 爸爸昨天晚上差不多快九点了才回家。
- 爷爷的头发差不多全白了。
- 大枫的年纪和我差不多大。

 活动与练习　Activities and Exercises

一、模仿例句，写下自己的句子
Write your own sentences following the example sentence

Example:
zhè xiē shū wǒ chà bu duō dōu dú wán le
这些书我差不多都读完了。

1. _____ chà bu duō 差不多 _____。

2. _____ chà bu duō 差不多 _____。

第五单元 住房环境

二、学着说一说 Learn to say it

我家的客厅不算大。客厅里有一张三人沙发、一台电视、一个茶几和一台空调。餐厅里有一张餐桌和六把餐椅。我家的厨房很大，厨房里有冰箱、烤箱和微波炉。我的房间里有床、书桌、衣柜、书架、椅子……

三、交际任务 Communicative task

给你的房间拍一张照片，向大家介绍一下你的房间。你最喜欢的是房间里面的什么东西？和老师、同学们交流一下，并把重要信息记录下来。

Take a photo of your room and introduce your room to everyone. What do you like best in the room? Talk with your teacher and classmates and record the key information.

第十五课　我住的地方很方便
Lesson 15　My Place of Residence Is Very Convenient

课文一　Text 1

wǒ jiā zhù zài shì zhōng xīn, shēng huó hěn fāng biàn, qí chē jiù
我家住在市中心，生活很方便，骑车就

kě yǐ qù hěn duō dì fang. yóu jú lí wǒ jiā bù yuǎn, chāo shì jiù
可以去很多地方。邮局离我家不远，超市就

zài yóu jú duì miàn. yóu jú de zuǒ bian shì yī yuàn, yī yuàn měi tiān
在邮局对面。邮局的左边是医院，医院每天

第五单元 住房环境

都有很多人排队看病。邮局的右边是银行，周末银行人很多。我家旁边还有一个咖啡馆，店里有很多座位，每次经过的时候里面都有不少人。咖啡馆的后面是一个小学，这个小学里有一个大大的球场，经常会看见足球队在里面比赛，有时还能看见打排球的呢。小学旁边是一个公园，公园里经常可以看见跑步的人。公园旁边还有一个酒店。我已经把附近所有的路都记住了，欢迎你们来找我玩儿。

词语学习　Word Learning

识写

1	中心 zhōngxīn center		4	座位 zuòwèi seat
2	骑车 qí chē ride a bike		5	经过 jīngguò go through
3	排队 pái//duì line up		6	不少 bù shǎo many

178

7	球场	qiúchǎng	court	9	酒店	jiǔdiàn	hotel
8	排球	páiqiú	volleyball	10	所有	suǒyǒu	all

识读

1	邮局	yóujú	post office	3	足球	zúqiú	football
2	咖啡馆	kāfēiguǎn	coffee house				

活动与练习 Activities and Exercises

一、根据图片，说说这些地方的位置
Talk about the position of the places according to the pictures

1.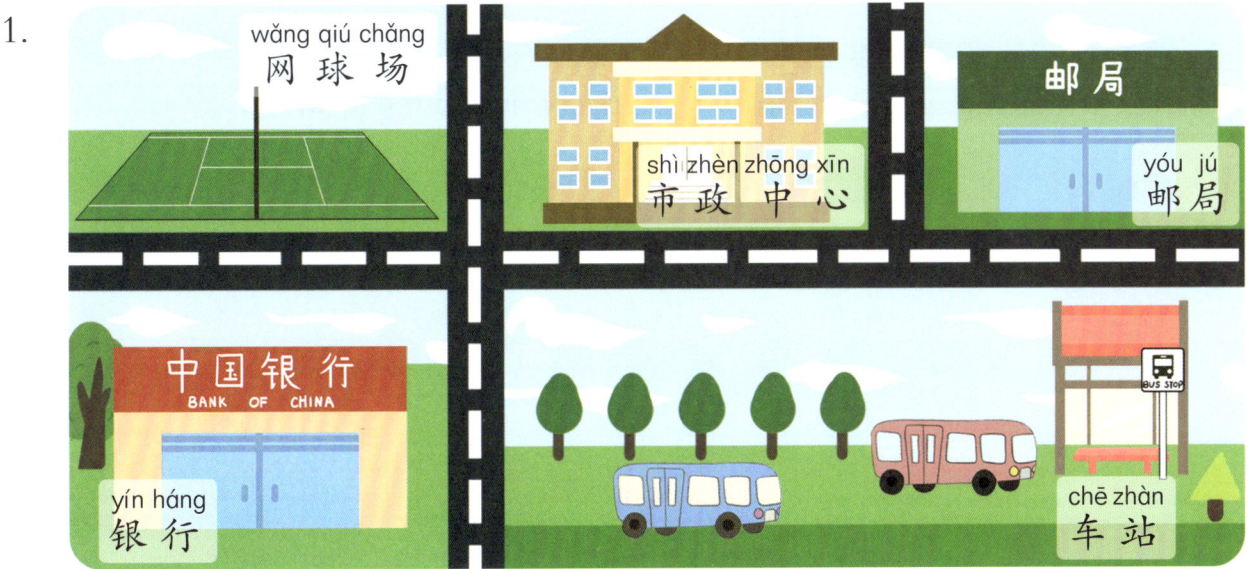

第五单元 住房环境

2.

咖啡馆 kā fēi guǎn
书店 shū diàn
电影院 diàn yǐng yuàn
比萨饼店 bǐ sà bǐng diàn
医院 yī yuàn
中餐馆 zhōng cān guǎn

二、根据提示，和同学编对话
Make a dialog with your classmates according to the prompts

Example:

1. nǐ men xué xiào lí nǐ jiā yuǎn ma？nǐ měi tiān zěn me shàng xué
   你们学校离你家远吗？你每天怎么上学？

2. nǐ jiā lí shì zhōng xīn yuǎn ma？nǐ zěn me qù shì zhōng xīn
   你家离市中心远吗？你怎么去市中心？

3. nǐ zhù de dì fang shēng huó fāng biàn ma？fù jìn yǒu shén me shāng diàn
   你住的地方生活方便吗？附近有什么商店？

4. nǐ jiā fù jìn yǒu yóu yǒng chí ma？nǐ jīng cháng qù yóu yǒng ma
   你家附近有游泳池吗？你经常去游泳吗？

5. nǐ jiā fù jìn yǒu gōng yuán ma？nǐ jīng cháng qù nàr wánr ma
   你家附近有公园吗？你经常去那儿玩儿吗？

6. nǐ jiā fù jìn yǒu tú shū guǎn ma？nǐ jīng cháng qù nàr kàn shū ma
   你家附近有图书馆吗？你经常去那儿看书吗？

三、口语练习 Oral practice

Example:

我住的地方生活很方便。超市就在我家后面。我的学校就在附近,走路两分钟就到了。我家附近有各种各样的商店,有……我家离市中心不远,坐车十分钟就到了。地铁站和公共汽车站……

课文二　Text 2

我搬到这个社区已经一年了。社区里有小花园、游泳池、篮球场、网球场、图书馆和诊所。马路边有理发店、超市和饭店,往前穿过马路还有一家花店呢!我的学校就在这个社区里。每到重要的节日,如春节、中秋节时,社区就会举行很多活动,比如中秋晚会,社区里大多数人都会参加。通过活动,大家认识了很多住在附近人,有的变成了好朋友,有的还找到了自己的爱人!

第五单元 住房环境

词语学习　Word Learning

识写

1	场	chǎng	court	4	大家	dàjiā	everyone
2	晚会	wǎnhuì	evening party	5	爱人	àiren	lover
3	通过	tōngguò	through				

识读

1	搬	bān	move	3	理发店	lǐfàdiàn	barbershop
2	诊所	zhěnsuǒ	clinic	4	附近	fùjìn	nearby

本课语法 Grammar in This Lesson

往 / 向

- 往前穿过马路还有一家花店呢！
- 她向图书馆走去了。
- 你要往哪里走？
- 往东走到红色的房子那里，就是银行了。

活动与练习 Activities and Exercises

一、和同学对话 Make a dialog with your classmates

1. 你家附近有商场吗？
   nǐ jiā fù jìn yǒu shāng chǎng ma

2. 你常去那儿购物吗？
   nǐ cháng qù nàr gòu wù ma

3. 你最喜欢哪家商店？为什么？
   nǐ zuì xǐ huān nǎ jiā shāng diàn　wèi shén me

4. 最近你去了哪家商店？买了什么？一共花了多少钱？
   zuì jìn nǐ qù le nǎ jiā shāng diàn　mǎi le shén me　yí gòng huā le duō shao qián

5. 你下个周末会去购物吗？你会和谁一起去？你想买什么？大概会花多少钱？
   nǐ xià ge zhōu mò huì qù gòu wù ma　nǐ huì hé shéi yì qǐ qù　nǐ xiǎng mǎi shén me　dà gài huì huā duō shao qián

第五单元　住房环境

二、用汉语说一说 Talk about them in Chinese

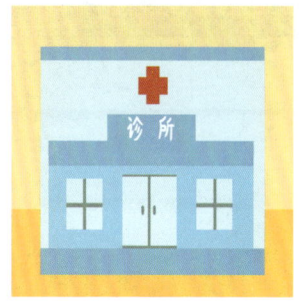

zhěn suǒ
诊 所

biàn lì diàn
便 利 店

huā diàn
花 店

lǐ fā diàn
理 发 店

xǐ yī diàn
洗 衣 店

yóu yǒng chí
游 泳 池

shū diàn
书 店

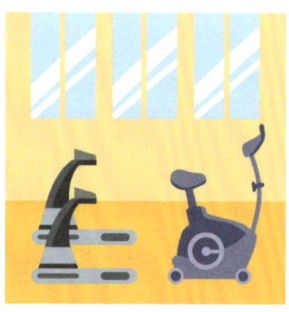

jiàn shēn fáng
健 身 房

yóu lè chǎng
游 乐 场

Example:

wǒ jiā fù jìn yǒu yì jiān zhěn suǒ　měi dāng wǒ shēng bìng le　jiù huì qù
我家附近有一间诊所，每当我生病了，就会去
zhěn suǒ kàn bìng　yī shēng huì gěi wǒ kāi yào　yào hěn nán chī　wǒ xī wàng měi
诊所看病。医生会给我开药，药很难吃。我希望每
tiān dōu jiàn jiàn kāng kāng de　bú yòng jīng cháng qù nàr kàn bìng
天都健健康康的，不用经常去那儿看病。

三、交际任务 Communicative task

你现在住的社区里有什么？生活方便吗？你喜欢现在的社区吗？为什么？和老师、同学们交流一下，并把重要信息记录下来。

What's in the community you live in now? Is the life convenient? Do you like the current community? Why? Communicate with your teacher and classmates and record the key information.

课文三　Text 3

朋　　友：你家住哪儿？还住在市区吗？

大枫爸爸：没有，我们最近搬到郊区去了。

朋　　友：那里怎么样？晚上安全吗？

大枫爸爸：这里很好，不但十分安全，而且空气也非常好。到处都可以听见鸟叫声，我们每天心情都很好。

朋　　友：交通方便吗？

大枫爸爸：很方便。我家楼下就有公共汽车站，旁边还有超市。我们离商场很近，去火车站和机场也不远。

朋　　友：你喜欢现在住的地方吗？

大枫爸爸：很喜欢，在这里生活我们很少点外卖，吃得更健康了。这里人不多，但人们都很友好。每天都可以闻到大自然的味道，孩子说我们应该永远住在这里。你周末可以带家人来我家玩儿。

词语学习　　Word Learning

识写

| 1 | 十分 | shífēn | very | 3 | 空气 | kōngqì | air |
| 2 | 安全 | ānquán | safe | 4 | 声 | shēng | sound, voice |

5. 心情　xīnqíng　mood
6. 外卖　wàimài　takeout
7. 人们　rénmen　people
8. 友好　yǒuhǎo　friendly
9. 闻　wén　smell
10. 永远　yǒngyuǎn　forever

识读

1. 市区　shìqū　urban district
2. 郊区　jiāoqū　suburbs

本课语法　Grammar in This Lesson

不但……而且……

- （这里）不但十分安全，而且空气也非常好。
- 大枫不但会说汉语，而且还说得很好。
- 他不但找到了工作，而且收入还不错。

活动与练习　Activities and Exercises

一、模仿例句，写下自己的句子
Write your own sentences following the example sentence

Example: zhè lǐ bú dàn shí fēn ān quán, ér qiě kōng qì yě fēi cháng hǎo
这里不但十分安全，而且空气也非常好。

1. _____不但_____，而且_____。

2. _____不但_____，而且_____。

二、排列句子 Rearrange the words/phrases to form sentences

Example:

jiào　míng zi　nǐ　shén me
叫　名字　你　什么？

nǐ jiào shén me míng zi
你叫什么名字？

1. zhù　zài　wǒ jiā　shì qū
   住在　我家　市区。

2. shè qū　zhè ge　wǒ　gāng　bān dào
   社区　这个　我　刚　搬到。

3. xiàn zài　zhù de　xǐ huan　nǐ　dì fang　ma
   现在　住的　喜欢　你　地方　吗？

4. kōng qì　de　nà lǐ　zěn me yàng
   空气　的　那里　怎么样？

5. jiāo tōng　wǒ jiā　hěn　fāng biàn
   交通　我家　很　方便。

三、写一写 Writing

你最近搬家了。你的好友大林想知道你所住的社区环境，请你写一封邮件告诉他。

You moved recently. Dalin, one of your good friends, wants to know about the community environment where you live. Please write an email and tell him.

译一译 Translation

一、将下列英文句子翻译成中文，并写下来
Translate the following English sentences into Chinese and write them down

1 Where do you live?

_____

2 My family lives in the center of the city, and the life there is convenient.

_____

3 I moved to a new community last Saturday.

_____

4 My grandmother prepared eggs and milk for my breakfast.

_____

二、阅读下列对话并用中文回答问题
Read the following dialog and answer the questions in Chinese

(Lisa's family moved to a new place last week and today she is going to invite her friend Tom to her house after school.)

Lisa: Hi, Tom, Good afternoon!

Tom: Good afternoon, Lisa. I heard that you moved last week.

Lisa: Yes. We moved to the city center where the life is more convenient.

Tom: Wow! It's great.

Lisa: Are you free after school? I want to invite you to my new house.

Tom: Sure! I'll meet you in front of the school gate then.

Lisa: OK.

(They arrive at Lisa's new house.)

Lisa: This is my new house. What do you think about it?

Tom: It's really convenient to live here. There is a supermarket beside the street and the school is not far away from here.

Lisa: Yes. Besides these, there is a tennis hall behind my house, where we can play tennis together on weekend.

Tom: Great. How about your new neighbors?

Lisa: They are friendly, and I have made some new friends here.

Tom: Wonderful! Thank you for your invitation. I have to go back home now. Welcome to my house if you are free this weekend.

Lisa: I will. Take care. Bye-bye.

Tom: Bye-bye. See you tomorrow.

Questions:

1. Where did Lisa move to?

2. Where will they meet each other after school?

3. Where are the supermarket and tennis hall?

4. How are Lisa's new neighbors?

中国古诗
Classical Chinese Poem

题 西 林 壁
tí xī lín bì

〔宋〕苏 轼
sòng sū shì

横看成岭侧成峰,
héng kàn chéng lǐng cè chéng fēng

远近高低各不同。
yuǎn jìn gāo dī gè bù tóng

不识庐山真面目,
bù shí lú shān zhēn miàn mù

只缘身在此山中。
zhǐ yuán shēn zài cǐ shān zhōng

在教师的指导下,背诵这首诗。
Recite this poem under the teacher's instruction.

词汇表（识写）

A

啊	a	ah	4
爱人	àiren	lover	15
安静	ānjìng	quiet	13

B

班长	bānzhǎng	class monitor	10
办	bàn	do, attend to	1
办法	bànfǎ	way, method	3
办公室	bàngōngshì	office	14
帮	bāng	help	6
饱	bǎo	having eaten one's fill	14
报名	bào//míng	register	1
报纸	bàozhǐ	newspaper	13
北方	běifāng	north	10
比如	bǐrú	such as	9
笔	bǐ	pen	6
笔记	bǐjì	note	10
笔记本	bǐjìběn	notebook	10
必须	bìxū	must	7
边	biān	side	14
变	biàn	change	4
变成	biànchéng	turn into	11
表示	biǎoshì	express, show	11
不错	búcuò	pretty good	2
不够	búgòu	not enough	7
不过	búguò	but	4
不太	bú tài	not very	5

192

不如	bùrú	not to be so good as	6
不少	bù shǎo	many	15
不同	bù tóng	different	2
不一会儿	bù yíhuìr	in a moment	1
部分	bùfen	part	8

C

才	cái	just	2
菜单	càidān	menu	10
参观	cānguān	visit	13
参加	cānjiā	take part in	7
草	cǎo	grass	12
层	céng	a measure word for storeys	13
查	chá	check	2
差不多	chàbuduō	nearly	3
长	cháng	long	2
常见	cháng jiàn	common	12
场	chǎng	court	15
超过	chāoguò	over	1
超市	chāoshì	supermarket	1
称	chēng	weigh	2
成绩	chéngjì	result	9
城市	chéngshì	city	5
出发	chūfā	leave for	14
出国	chū//guó	go abroad	13
出海	chū//hǎi	put (out) to sea	3
出口	chūkǒu	exit	14
出门	chū//mén	go out	3
出租车	chūzūchē	taxi	14
船	chuán	boat	3
吹	chuī	blow	3
春节	Chūnjié	the Spring Festival	12
春天	chūntiān	spring	5

| 词典 | cídiǎn | dictionary | 14 |
| 词语 | cíyǔ | words and expressions | 6 |

D

打算	dǎsuàn	plan	3
打印	dǎyìn	print	1
大部分	dàbùfen	most, majority	8
大海	dàhǎi	sea	3
大家	dàjiā	everyone	15
大门	dàmén	gate	1
大人	dàren	adult	14
大衣	dàyī	coat	14
带来	dàilái	bring	13
但是	dànshì	but	1
蛋	dàn	egg	14
当时	dāngshí	that time	11
到处	dàochù	at all places	5
倒	dào	upside down	12
道理	dàolǐ	principle, truth	14
道路	dàolù	way, road	10
得	dé	get, win	10
地铁	dìtiě	subway	14
地铁站	dìtiězhàn	subway station	14
东北	Dōngběi	northeast China	4
东方	dōngfāng	east	10
东西	dōngxi	thing, stuff	12
冬天	dōngtiān	winter	4
懂	dǒng	understand	6
动物	dòngwù	animal	4
动物园	dòngwùyuán	zoo	4
读音	dúyīn	pronunciation	12
度	dù	degree	4
短	duǎn	short	2

短信	duǎnxìn	text message	14
段	duàn	period	12
队	duì	team	9
对话	duìhuà	dialog	6
多久	duōjiǔ	how long	11
多数	duōshù	most	14

E

而且	érqiě	and (also)	4

F

发	fā	send	14
发现	fāxiàn	find	8
方便	fāngbiàn	convenient	13
方法	fāngfǎ	method	6
方向	fāngxiàng	direction	1
放心	fàng//xīn	be at ease	4
分开	fēn//kāi	separate	12
分数	fēnshù	score	6
分钟	fēnzhōng	minute	1
份	fèn	*a measure word*	11
服务	fúwù	serve	10
复习	fùxí	review	6

G

该	gāi	should	5
感动	gǎndòng	moved	11
感谢	gǎnxiè	thank	6
刚	gāng	just	4
刚才	gāngcái	just now	1
刚刚	gānggāng	just now	3
个子	gèzi	height, stature	11
更	gèng	more	5
公共汽车	gōnggòng qìchē	bus	1

公斤	gōngjīn	kilogram	2
公里	gōnglǐ	kilometer	1
公司	gōngsī	company	3
公园	gōngyuán	park	14
狗	gǒu	dog	13
故事	gùshi	story	7
故意	gùyì	on purpose	13
顾客	gùkè	customer	10
关心	guānxīn	care about	4
观点	guāndiǎn	point of view	9
广场	guǎngchǎng	square	1
过来	guòlai	come over	10
过去	guòqu	go over	1
过	guo	*used to indicate past action/experience*	4

H

海	hǎi	sea	3
海边	hǎi biān	seaside	3
喊	hǎn	call	14
好处	hǎochù	advantage	14
好多	hǎoduō	a great many	14
好人	hǎorén	good person	10
好事	hǎoshì	good deed	10
好像	hǎoxiàng	seem	4
合适	héshì	suitable	2
黑	hēi	black	10
红色	hóngsè	red	10
后来	hòulái	later	11
忽然	hūrán	suddenly	5
花	huā	flower	5
花园	huāyuán	garden	13
画	huà	draw, paint	7
画儿	huàr	picture	7

画家	huàjiā	painter	7
欢迎	huānyíng	welcome	2
换	huàn	change	1
黄色	huángsè	yellow	2
回	huí	return	13
回国	huí guó	return to one's country	13
活动	huódòng	activity	12
或者	huòzhě	or	1

J

机会	jīhuì	chance	4
鸡	jī	chicken	2
极	jí	extremely	12
纪念	jìniàn	commemorate	12
加油	jiāyóu	go for it	6
家	jiā	person engaged in a certain trade	7
家长	jiāzhǎng	parent of a child	4
假	jià	holiday	12
假期	jiàqī	holiday	3
检查	jiǎnchá	check	10
见到	jiàndào	see	10
件	jiàn	*a measure word*	2
讲话	jiǎng//huà	speak	11
交	jiāo	pay	1
交通	jiāotōng	traffic	10
角度	jiǎodù	angle	14
叫作	jiàozuò	be known as	11
教室	jiàoshì	classroom	9
接	jiē	pick up	3
接到	jiēdào	pick up	14
接下来	jiē xialai	next	7
节	jié	festival	12
节日	jiérì	festival	12

借	jiè	borrow	6
斤	jīn	*a unit of weight* (=1/2 kilogram)	2
今后	jīnhòu	from now on	4
近	jìn	near	1
经常	jīngcháng	often	4
经过	jīngguò	go through	15
经理	jīnglǐ	manager	3
酒店	jiǔdiàn	hotel	15
就要	jiùyào	be about to	11
举行	jǔxíng	hold (a meeting, ceremony etc.)	8
句子	jùzi	sentence	3

K

卡	kǎ	card	11
开心	kāixīn	happy	7
看法	kànfǎ	opinion	7
靠	kào	near, beside	12
科学	kēxué	science	7
科学家	kēxuéjiā	scientist	7
可能	kěnéng	maybe, probably	4
可怕	kěpà	horrible	10
可是	kěshì	but	6
可以	kěyǐ	can	1
刻	kè	quarter	8
空气	kōngqì	air	15
快餐	kuàicān	fast food	14
快点儿	kuài diǎnr	hurry up	9
快乐	kuàilè	happy	9
快要	kuàiyào	be about to	11
筷子	kuàizi	chopsticks	11

L

拉	lā	play (a certain musical instrument)	9
蓝色	lánsè	blue	2
篮球	lánqiú	basketball	8
老是	lǎoshì	always	5
离	lí	be away from	1
离开	lí//kāi	leave	12
礼物	lǐwù	gift, present	11
里头	lǐtou	in	9
理想	lǐxiǎng	ideal, dream	8
例如	lìrú	for example	11
练	liàn	practice	8
练习	liànxí	practice	7
凉快	liángkuai	nice and cool	5
两	liǎng	two	1
零下	líng xià	below zero	4
留学生	liúxuéshēng	international student	9
流行	liúxíng	popular	9
路边	lù biān	roadside	1
旅客	lǚkè	tourist	5
旅行	lǚxíng	travel	3
绿	lǜ	green	12

M

卖	mài	sell	2
满	mǎn	full	10
猫	māo	cat	13
面条儿	miàntiáor	noodles	14
明星	míngxīng	star	8

N

| 拿出 | náchū | take out | 2 |
| 那么 | nàme | then | 7 |

那时	nà shí	(at) that time	11
那时候	nà shíhou	(at) that time	5
那样	nàyàng	so	12
南方	nánfāng	south China	12
难过	nánguò	sad	12
难看	nánkàn	ugly, unsightly	9
难受	nánshòu	unwell	4
能够	nénggòu	be able to	5
年级	niánjí	grade	10
弄	nòng	make	11
努力	nǔlì	effort	8

P

爬山	pá shān	mountain-climbing	12
怕	pà	be afraid of	4
排队	pái//duì	line up	15
排球	páiqiú	volleyball	15
旁边	pángbiān	beside	14
碰到	pèngdào	meet	1
碰见	pèng//jiàn	meet, come across	11
便宜	piányi	cheap	2
漂亮	piàoliang	beautiful	3
平安	píng'ān	safe and sound	12
平常	píngcháng	(on) ordinary days	8
平时	píngshí	(on) normal days	1
普通	pǔtōng	ordinary	2

Q

其他	qítā	other	10
骑	qí	ride	3
骑车	qí chē	ride a bike	15
气温	qìwēn	temperature	4
前年	qiánnián	the year before last	13

青少年	qīng-shàonián	teenagers	7
轻	qīng	light, of no significance	11
清楚	qīngchu	clear	10
晴	qíng	sunny	4
晴天	qíngtiān	sunny day	4
请客	qǐng//kè	play the host	14
秋天	qiūtiān	autumn	5
球场	qiúchǎng	court	15
球鞋	qiúxié	sneakers	8
取得	qǔdé	get	6
全	quán	both, all	2
全国	quánguó	throughout the country	5
全家	quánjiā	whole family	3

R

然后	ránhòu	then	3
让	ràng	let	2
热情	rèqíng	warm-hearted	3
人们	rénmen	people	15
认为	rènwéi	think, believe	9
日报	rìbào	daily (newspaper)	14
日子	rìzi	day	7
如果	rúguǒ	if	3
入口	rùkǒu	entrance	2

S

商量	shāngliang	discuss	3
商人	shāngrén	merchant	14
少数	shǎoshù	a small number of	14
生词	shēngcí	new word	14
生活	shēnghuó	live	4
声音	shēngyīn	sound	11
十分	shífēn	very	15

实习	shíxí	internship	11
实现	shíxiàn	realize	8
实在	shízài	really	6
食物	shíwù	food	11
使用	shǐyòng	use	1
收到	shōudào	receive	11
受到	shòudào	receive, get	9
舒服	shūfu	pleasant, comfortable	5
熟	shú	ripe	5
顺利	shùnlì	smoothly, successfully	1
说明	shuōmíng	show, indicate	10
司机	sījī	driver	3
思念	sīniàn	miss, think of	12
送到	sòngdào	send to	3
送给	sòng gěi	give	9
虽然	suīrán	although	8
所以	suǒyǐ	so	3
所有	suǒyǒu	all	15

T

它	tā	it	13
它们	tāmen	they	13
太阳	tàiyáng	sun	3
态度	tàidù	attitude	8
讨论	tǎolùn	discuss	3
套	tào	a measure word for sets/series of things	13
特别	tèbié	particularly	3
特色	tèsè	characteristic	9
疼	téng	painful, aching	10
提出	tíchū	put forward	9
提高	tígāo	improve	8
题	tí	subject	3
体育	tǐyù	sports	8

体育馆	tǐyùguǎn	gymnasium	8
天上	tiānshàng	heaven	12
条	tiáo	*a measure word*	2
听说	tīngshuō	hear of	3
停	tíng	park (a car)	10
停车	tíng//chē	park a car	2
停车场	tíngchēchǎng	parking lot	2
挺	tǐng	quite	2
通	tōng	passable	10
通过	tōngguò	through	15
通知	tōngzhī	notify	1
同时	tóngshí	at the same time	10
图片	túpiàn	picture	1
腿	tuǐ	leg	10

W

外地	wàidì	other places of the country (than where one is)	5
外卖	wàimài	takeout	15
完	wán	finish	8
完成	wán//chéng	finish	7
完全	wánquán	completely	3
晚会	wǎnhuì	evening party	15
网	wǎng	the Internet	10
网球	wǎngqiú	tennis	8
网站	wǎngzhàn	website	10
往	wǎng	to	1
位	wèi	*a measure word*	10
味道	wèidào	taste	10
闻	wén	smell	15
问题	wèntí	question	2
午餐	wǔcān	lunch	11
午睡	wǔshuì	afternoon nap	10

X

西北	xīběi	northwest	1
西餐	xīcān	Western food	13
西南	xīnán	southwest	1
西医	xīyī	Western medicine	6
习惯	xíguàn	be used to	3
洗衣机	xǐyījī	washing machine	2
洗澡	xǐ//zǎo	take a shower	8
下雪	xià xuě	snow	3
下周	xià zhōu	next week	4
夏天	xiàtiān	summer	5
相信	xiāngxìn	believe	4
响	xiǎng	loud	11
想到	xiǎngdào	think of	8
想法	xiǎngfǎ	idea	3
想起	xiǎngqǐ	think of	11
相机	xiàngjī	camera	4
小时候	xiǎoshíhou	childhood	13
小心	xiǎoxīn	be careful	5
小学	xiǎoxué	primary school	9
校园	xiàoyuán	campus	1
校长	xiàozhǎng	headmaster	9
笑话儿	xiàohuàr	joke	11
心里	xīnli	mind, heart	7
心情	xīnqíng	mood	15
新闻	xīnwén	news	8
信息	xìnxī	message	3
信心	xìnxīn	confidence	8
信用卡	xìnyòngkǎ	credit card	2
星星	xīngxing	star	3
行动	xíngdòng	action	10
行人	xíngrén	passer-by	5

行为	xíngwéi	behavior	11
姓名	xìngmíng	name	10
许多	xǔduō	many	8
选	xuǎn	choose	9
学期	xuéqī	semester	10
雪	xuě	snow	4

Y

颜色	yánsè	color	2
眼睛	yǎnjing	eye	6
养	yǎng	raise, keep	13
样子	yàngzi	appearance	2
要求	yāoqiú	require	1
药	yào	medicine	6
药片	yàopiàn	(medical) tablet	6
药水	yàoshuǐ	liquid medicine	6
要	yào	need	1
也许	yěxǔ	maybe	4
夜里	yèlǐ	at night	3
一定	yídìng	surely	1
一共	yígòng	in total	2
一会儿	yíhuìr	a little while	6
已经	yǐjīng	already	6
以前	yǐqián	before	4
以上	yǐshàng	above, more than	4
以为	yǐwéi	think	1
椅子	yǐzi	chair	13
一般	yìbān	usual, general	5
一生	yìshēng	lifetime	7
一直	yìzhí	always	2
意思	yìsi	interesting	7
因为	yīnwèi	because	4
阴天	yīntiān	cloudy day	4

音乐	yīnyuè	music	7
音乐会	yīnyuèhuì	concert	7
银行	yínháng	bank	1
应该	yīnggāi	should	1
影片	yǐngpiàn	film	8
影响	yǐngxiǎng	influence	3
永远	yǒngyuǎn	forever	15
游客	yóukè	traveler, tourist	5
友好	yǒuhǎo	friendly	15
有空儿	yǒu kòngr	be free	10
有时	yǒushí	sometimes	8
有意思	yǒu yìsi	interesting	8
鱼	yú	fish	2
语言	yǔyán	language	6
原来	yuánlái	as it turns out to be	11
愿意	yuànyì	be willing/ready	5
月份	yuèfèn	month	5
月亮	yuèliang	moon	3
越	yuè	more	4
越来越	yuè lái yuè	more and more	4
运动	yùndòng	sport	2

Z

咱们	zánmen	we (including both the speakers and the person/persons spoken to)	10
早餐	zǎocān	breakfast	14
早晨	zǎochen	morning	14
早就	zǎo jiù	long since	10
怎么办	zěnme bàn	what to do	14
长	zhǎng	grow	11
长大	zhǎngdà	grow up	11
照顾	zhàogù	take care of	4
照片	zhàopiàn	photo	13

照相	zhào//xiàng	take a photo	9
这么	zhème	so	2
这样	zhèyàng	in this way	6
正常	zhèngcháng	normal	4
正好	zhènghǎo	exactly	2
正确	zhèngquè	right, correct	6
正是	zhèng shì	just	4
只	zhǐ	only	8
只能	zhǐ néng	have no choice but to	1
只要	zhǐyào	as long as	8
中餐	zhōngcān	Chinese food	10
中心	zhōngxīn	center	15
中医	zhōngyī	Chinese medicine	6
重点	zhòngdiǎn	focus	10
重视	zhòngshì	attach importance to	7
重要	zhòngyào	important	11
周	zhōu	week	4
周末	zhōumò	weekend	4
主人	zhǔrén	host	11
住房	zhùfáng	housing	13
装	zhuāng	pack	2
准确	zhǔnquè	accurate	1
自己	zìjǐ	oneself	4
自行车	zìxíngchē	bicycle	3
自由	zìyóu	free	3
字典	zìdiǎn	dictionary	3
走进	zǒujìn	walk into	13
组	zǔ	group	9
组成	zǔchéng	make up, form	3
组长	zǔzhǎng	group leader	9
嘴	zuǐ	mouth	11
最近	zuìjìn	recently	6

作家	zuòjiā	writer	7
作文	zuòwén	composition	3
作业	zuòyè	homework	3
座位	zuòwèi	seat	15
做到	zuòdào	succeed in doing (sth.)	4
做法	zuòfǎ	way of doing sth.	11
做饭	zuò fàn	do the cooking	13

词汇表（识读、地名）

B

把	bǎ	used to put the object before the verb	12
搬	bān	move	15
比赛	bǐsài	competition	8
变化	biànhuà	change	6
冰	bīng	ice	5
冰箱	bīngxiāng	refrigerator	14

C

车库	chēkù	garage	13
衬衫	chènshān	shirt	2
池	chí	pool	8
池子	chízi	pool	13
厨房	chúfáng	kitchen	13
从来	cónglái	at all times	4

D

达	dá	to	5
打针	dǎ//zhēn	give or receive an injection	6

F

发生	fāshēng	occur	10
风筝	fēngzheng	kite	12
福	fú	good fortune	12
付	fù	pay	2
附近	fùjìn	nearby	15

G

感冒	gǎnmào	(common) cold	6

钢琴	gāngqín	piano	7
各	gè	each	9
古筝	gǔzhēng	*zheng*, a 21- or 25-stringed plucked instrument	7
光临	guānglín	presence (of a guest, etc.)	2

H

哈尔滨	Hā'ěrbīn	Harbin	5
海南岛	Hǎinán Dǎo	Hainan Island	3
红灯	hóngdēng	red signal/traffic light	1
厚	hòu	thick	5

J

吉祥	jíxiáng	auspicious	12
季节	jìjié	season	5
郊区	jiāoqū	suburbs	15
接警员	jiējǐngyuán	police officer who answers the phone	10
街舞	jiēwǔ	street dance	9
精神	jīngshen	spirit	12

K

咖啡	kāfēi	coffee	14
咖啡馆	kāfēiguǎn	coffee house	15
开始	kāishǐ	start	9
烤箱	kǎoxiāng	oven	14
咳嗽	késou	cough	6
客厅	kètīng	living room	13
裤子	kùzi	trousers, pants	2

L

| 理发店 | lǐfàdiàn | barbershop | 15 |

M

| 麻烦 | máfan | trouble | 4 |

N

南京	Nánjīng	Nanjing	5

P

跑步	pǎo//bù	run, jog	8
乒乓球	pīngpāngqiú	table tennis	8

Q

桥	qiáo	bridge	1
巧	qiǎo	coincidental	11
亲人	qīnrén	relative	12
情意	qíngyì	love and affection	11
取款机	qǔkuǎnjī	ATM	1
券	quàn	coupon, voucher	2
裙子	qúnzi	skirt	2

R

人民币	rénmínbì	RMB	1

S

扫墓	sǎo//mù	visit a grave, pay respects to sb. at his tomb	12
沙发	shāfā	sofa	14
扇子	shànzi	fan	9
上海	Shànghǎi	Shanghai	5
社团	shètuán	club, association	9
深厚	shēnhòu	profound	11
市区	shìqū	urban district	15
事故	shìgù	accident	10
受伤	shòu//shāng	get injured	10
书房	shūfáng	room used for reading and writing	13
书架	shūjià	bookshelf	14
叔叔	shūshu	uncle	3
顺风车	shùnfēngchē	ride sharing	3
碎	suì	break to pieces	12

T

弹	tán	play, pluck (a stringed musical instrument)	7
踢足球	tī zúqiú	play football	8
甜	tián	sweet	2
跳舞	tiào//wǔ	dance	7
贴	tiē	paste	12
痛	tòng	ache	6

W

卧室	wòshì	bedroom	13
舞蹈	wǔdǎo	dance	9

X

西安	Xī'ān	Xi'an, the capital city of Shaanxi Province	3
西瓜	xīguā	watermelon	2
希望	xīwàng	hope	12
显示	xiǎnshì	show	1
消防车	xiāofángchē	fire engine	10
小提琴	xiǎotíqín	violin	9
心意	xīnyì	kindly feelings, regards	11
需要	xūyào	need	2
学费	xuéfèi	tuition fee	1

Y

烟	yān	smoke	10
羊肉	yángròu	mutton	2
邮局	yóujú	post office	15
游泳	yóuyǒng	swim	3
愉快	yúkuài	happy	3
浴室	yùshì	bathroom	13
预报	yùbào	forecast	4
遇到	yùdào	come across	4

Z

着火	zháo//huǒ	be on fire	10
诊所	zhěnsuǒ	clinic	15
之一	zhī yī	one of	5
支	zhī	*a measure word for pens*	6
指	zhǐ	point	12
种	zhǒng	kind, type	2
注意	zhù//yì	pay attention to	11
祝	zhù	wish	3
总是	zǒngshì	always	5
足球	zúqiú	football	15
左右	zuǒyòu	about	4